Th Haslinger

Junggesellen-und Touristen-Kochbuch

Th Haslinger

Junggesellen-und Touristen-Kochbuch

ISBN/EAN: 9783741116674

Manufactured in Europe, USA, Canada, Australia, Japa

Cover: Foto ©Gila Hanssen / pixelio.de

Manufactured and distributed by brebook publishing software (www.brebook.com)

Th Haslinger

Junggesellen- und Touristen-Kochbuch

Junggesellen- und Touristen-Kochbuch.

Von
Th. Haslinger.

München 1896.
Braun & Schneider.

Kgl. Hof- und Universitäts-Buchdruckerei von Dr. C. Wolf & Sohn.

Vorrede.

Auf Erden halb Himmel und halb Hölle
Hat so ein richtiger Junggeselle.
Die Hausschlüsselfreiheit jeden Abend
Wirkt ja sicher äußerst labend;
Dazu ist er von der Angst entledigt,
Es folge d'rauf eine Gardinenpredigt.
Auch braucht er in diesen theuren Zeiten
Den Staat einer Frau nicht zu bestreiten.
Er treibt sich vielmehr stets frank und frei
In der Welt herum, hat's ganze Jahr Mai.
Geht, wohin er will, kommt heim, wann er mag,
Flattert fröhlich umher im Blüthenhag,
Blinzelt nach jedem schönen Kind,
Schwirrt aber wieder hinweg geschwind,
Kaum daß er die Lippen sie öffnen sah
Zu dem Worte: „Reden Sie mit Mama!"
Trotzdem ist er gern gesehen bei Allen;
Denn man läßt die Hoffnung niemals fallen,

IV

So lange er ledig, daß er schließlich
Das Heirathen finde dennoch ersprießlich.

Aber es hat zu manchen Zeiten
Ein solches Leben auch Schattenseiten.
So spukt eine Mär in allen Köpfen
Von ausgerissenen Hemdenknöpfen,
Auch daß es sonst mit der Näherei
Beim Junggesellen oft mißlich sei.
Es fehle dort — sagen die Ehemänner
Als der Sache richtige Kenner —
Häufig im Großen und im Kleinen
Die Behaglichkeit — kurzum, sie meinen,
Der Frauenhände liebendes Walten
Könne ein Heim erst gemüthlich gestalten!

Doch hilft sich Jeder, wie er's versteht,
Ueber all' das hinüber, so gut's eben geht.
„Aber Eines bleibt ihm!" schrei'n sie indessen:
„Dieses ewige Wirthshausessen,
Das den Magen verdirbt und den Beutel beschwert
Und Bequemlichkeit, Ruhe und Auswahl wehrt!"
Und in diesem Punkt gibt ihnen heimlich Recht
Gar Mancher vom Junggesellengeschlecht,
Kraut sich hinter'm Ohre verlegen und stöhnt:
„Wenn ich oft mir nur selber was kochen könnt'!"

So nehmt denn! Hier bietet sich hilfreich
Ein Junggesellen-Kochbuch Euch!

V

Will nicht anspruchsvoll sein und schwer zu versteh'n,
Will mehr auf's Kurze und Praktische geh'n,
Damit sich darin der Junggesell
Zurecht finde mühelos und schnell
Und was schmackhaft, gesund und leicht herstellbar ist,
Sich möge bereiten zu jeder Frist,
Sei's nun, daß er mal in Katers Nöthen
Aufsuche, was sich da für Mittel böten,
Sei es auch, daß ihn ein Unwohlsein
Sperre in seine vier Wände ein,
Sei's, daß er für ein paar lustige Gesellen
Möchte ein leckeres Mahl bestellen,
Oder daß er gern auf der Reise wo
Sich selbst was bereite so oder so;
Mag's auch sein, daß er sich überhaupt
Zum eig'nen Koche berufen glaubt,
Oder nur hie und da jenes und dies
Am Liebsten behaglich zu Hause genieß' —
Zum Frühstück, Mittags oder Abends vielleicht,
Kalt oder warm, trocken oder feucht!
Kurzum, in jeglichem Magenbedürfniß
Schützt Euch dies Büchlein vor Noth und Zerwürfniß,
Will Euch ein Freund sein zu allen Zeiten
In inneren Angelegenheiten,
Will Euch mit einfachen Mitteln lehren
Die eigene Kochkunst schätzen und ehren.
Nicht aber, daß da ein Weiblein meine,
Ich sei Ehefeindin und was für eine
Und wolle mit diesem Büchlein trachten,
Daß die Männer den Familienherd verachten!

Im Gegentheil, wenn Einer am End'
Langzeitigen Kochens etwa erkennt,
Daß der Kochkunst wahre Virtuosin
Das Weib doch bleibe, so seh' ich's mit Frohsinn,
Wenn er, von dieser Erkenntniß entflammt,
Mit Einer marschirt zum Standesamt,
Und will hiemit sie und den alten Knaben
Schon heute herzlich beglückwünscht haben!

Aber bis dahin, Ihr Junggesellen,
Lernt aus dem Büchlein den Tisch bestellen,
Kocht vergnügt und behaglich damit!
Wohl bekomm's Euch und guten Appetit!

Die Verfasserin.

Inhalts-Verzeichnifs.

	Seite
I. Die Einrichtung	1
II. Frühstück	3
Kaffee	4
Thee	5
Chocolade	6
Cacao	6
III. Suppen	7
Sekundenbouillon	8
Einfache Weiß- oder Schwarzbrodsuppe	8
Einlaufsuppe	9
Brennsuppe	9
Suppenpräparate	9
Suppen von ganzen Hülsenfrüchten	10
Suppentafeln	10
Klare Brühen	11
Weitere Suppenarten	12
Echte Schildkrötensuppe	13
Krebssuppe	13
Froschschenkelsuppe	14
Geflügelsuppen	15
Klare Geflügelbouillon	16
Wildsuppen	16
Kartoffelsuppe	17
Selleriesuppe	17
Kerbelsuppe	18
Sauerampfersuppe	18
Fleischbrühe	18
Haushaltungs-Fleischbrühe	19
Obst- und süße Suppen	19
Suppensentenzen	19
IV. Fleischspeisen	20
Ochsenfleisch	21
Rindsgoulasch	24
Lendenschnitten	24
Beefsteaks	25
Miniatur-Beefsteaks	26
Maschinen-Beefsteaks	26
Deutsches Beefsteak	27
Rohe Beefsteaks (à la tartare)	28
Wiener Rostbraten	28
Rostbraten — echt ungarisch	28
Rumsteak-Entrecôte	29
Bärensteinerfleisch	29
Conservirte Gemüse	31
Grüne Bohnen — Haricots verts	32
Kernbohnen — Flageolets	32
Getrocknete Gemüse	33
Erbsen — Petits Pois	33
Petits pois à l'anglaise	33

	Seite
Stangen-Spargel	34
Brechspargel	34
Artischoken-Böden — Fonts d'artischauts	35
Artischoken mit Käse	35
Champignons	35
Büchsenzungen	36
Geräuchertes Ochsenfleisch	37
Kalbsgoulasch	37
Kalbs-Cotelettes und Schnitzel	38
Panirte Cotelettes und Schnitzel	38
Schweins- und Hammel-Cotelettes	39
Wurzelfleisch	39
Saures Kalbshirn. — Blaumontagsplatte	40
Schweinsnieren	40
Kalbsnieren	41
Hammelnieren	41
Kalbsleber	41
Gebackene Kalbsleber	41
Schweins-Herz, Ohr und Rüssel	42
Schweinsherz	42
Schweins- und Kalbszunge	42
Kalbskopf nach Münchener Art	42
Lammsleber	43
Papricirtes Lammfleisch	43
Irish-stew oder Irisches Hammelfleisch	44
Geräuchertes und rohes Schweinefleisch	45
Würstchen	45
V. Wildpret	46
Der Hase	47
Hasenpfeffer	48
Rebhuhn	49
Haselhühner, Birkhähner, Schneehühner, auch junge Fasanen	49
Schnepfe	50
Krammetsvögel	51
VI. Zahmes Geflügel	51
VII. Fische	52
Seezungen	53
Forellen	54
Stockfisch	54
Lachs	54
Aal	55
VIII. Krebse	55
Frische Hummern	56
Seemuscheln	56
Schnecken	57
Austern	57
Caviar	57
IX. Häringe	57
Brathäringe	58
Häringe zu mariniren	59
Häringsbutter	59
Sardellenbutter	60

		Seite
Käsebutter		60
Senfbutter		60
X. **Einige leicht herzustellende Saucen**		61
Mayonnaise auf einfachste Art		61
Hummermayonnaise		61
Caviarsauce		62
Sauce remoulade — tartare		62
Speckfauce		62
Warme Saucen		63
XI. **Pikante Brödchen**		63
Feine Leberwurst		65
Bratenreste		65
Domherrnschnittchen		65
Königsbrödchen		66
Käseschnitten (Krusten)		66
Lordbrödchen		66
Kalte Appetitbrödchen		66
Pasteten		67
XII. **Salate**		68
Frischer grüner Salat		69
Kartoffelsalat		69
Häringsfalat		70
Spargelsalat		70
Hopfensalat		70
Bohnensalat		71
Salat von Kernbohnen		71
Frischer Gurkensalat		71
Salat von Salzgurken		71
Kürbissalat		72
Radieschensalat		72
Geriebener Rettigsalat		73
Tomatensalat		73
Meerrettigsalat		73
Sellerie und rothe Rüben		73
Fleischsalat		73
Fischsalat		73
Hummersalat		73
Muschelsalat		74
Schneckensalat		74
Italienischer Salat		74
Mikado-Salat		75
XIII. **Katersalat**		76
XIV. **Eierspeisen**		78
Weiche Eier		78
Halbweiche Eier		78
Hartgekochte Eier		78
Russische Eier		79
Sooleier		79
Set- oder Spiegeleier		79
Künstlicher Schnittlauch		80
Eier in schwarzer Butter		80
Saure Eier		80
Rühreier		81

		Seite
	Omelette	81
	Omelette mit Kräutern — aux fines herbes	82
	Pfannkuchen	83
	Schmarren	84
XV.	Italienische Maccaroni	85
XVI.	Knödel	86
	Schwammerln mit Knödel	87
	Militär-Leberknödel	89
	Schwäbische Spätzle	90
	Gutes Kartoffelpüré	91
	Vom Trinken	91
XVII.	Warme Getränke	93
	Grogg	93
	Glühwein	93
	Bischof	94
	Weißer Weinpunsch	94
	Englischer Punsch	94
	Ratisbonen-Punsch	95
	Burgunder-Punsch	95
	Eierpunsch	96
	Warmbier	97
XVIII.	Kalte Getränke	97
	Römischer Punsch	97
	Sorbet von Champagner und Erdbeeren	98
	Sorbet von Steinwein, Liebfrauenmilch, Markobrunner, Moselblümchen	98
	Newa-Punsch	98
	Olympische Tropfen oder Göttertrank	99
	Maiwein	100
	Maibowle	100
	Erdbeer-Bowle	101
	Pfirsich-Bowle	101
	Ananas-Bowle	102
	Orangen-Bowle	102
	Champagner-Bowle	102
	Manen-Bowle	103
	Feine Punschessenz	103
	Nußliqueur	104
	Heidelbeer-, Weichsel- und Johannisbeer-Liqueure	104
	Götterdämmerung	104
XIX.	Deutscher Senf	105
	Englischer Senf	105
	Geräuchertes Pökelfleisch	105
XX.	Küchenwunden	106
	Katermittelchen	106
XXI.	Muster-Menus	107
	Vegetarianer-Diner	109
	Souper — kalt	109
	Souper	110
XXII.	Jagd- und Fischerei-Kalender	111
	Schlußwort	112

I.
Die Einrichtung.

„Das sind Männerschwüre!" sagte die reizende Nelly etwas pikirt zu ihrer Mama, als sie an dem großen Haushalt=Einrichtungs=Bazar vorübergingen und den jungen Assessor Müller hochbepackt heraustreten sahen. „Hundertmal hat er betheuert, er werde niemals heirathen — nun ist er offenbar doch heimlich verlobt und schleppt sogar schon Küchensachen nach Hause!"

„Nicht doch, meine Gnädigste," rief der Assessor, der einen Theil dieser Worte aufgefangen, lächelnd mit höflichem Gruße, „ich richte mir vielmehr selber meine Junggesellen=küche ein!"

Es bedarf dazu nicht viel.

Wo kein Anschluß an eine Electricitäts= oder Gasleitung ist, so daß man die hiefür geschaffenen neuesten Miniatur=kochherde verwenden kann, genügt ein Spiritus= oder Petroleum=Apparat vollkommen.

Dann ein verschließbares, etwa dreifingerhohes Maschinchen, das sich mit Deckel für Dunstkocherei, ohne denselben für schnell zu bereitende Eier- und Fleischspeisen eignet, und ein Emailtöpfchen, welches nur zum Kochen von Kaffee-, Thee- oder Grogg-Wasser benützt wird. Im letztgenannten Gefäß dürfen aber Suppen oder Saucen niemals gekocht oder erwärmt werden, wenn es nachher auch noch so sorgfältig gereinigt werden sollte. Denn — das beachte wohl, sehr zu verehrender Junggeselle! — Kaffee, Thee und Punschessenzen sind difficil zu behandeln und behalten nur dann ihr ureigenes, feines Aroma, wenn sie mit keinerlei Fettstoffen oder anderen Substanzen in Verbindung kommen.

An Vorräthen halte Dir nur das Allernöthigste: Einige gewandte Finger, denen es schlimmsten Falls 'mal auf ein Brandbläschen nicht ankommt, eine Dosis Humor, um zu lächeln, wenn wirklich hin und wieder das Eine oder Andere etwas schief gelingt, dann einige Gemüse-Conserven für schnell zu bereitende Beilagen zu Fleisch- und Eierspeisen, wie Spargel, Erbsen, Bohnen, Pilze, Mixed-Pickles, die in allen besseren Delikatessengeschäften zu haben und lange aufbewahrbar sind. Das Erwärmen von Conserven in der Büchse ist nur dann räthlich, wenn der ganze Inhalt derselben auf einmal verbraucht wird. Andernfalls entnehme man nur das nöthige Quantum und bereite es im Pfännchen zu. In eine geöffnete Büchse gieße man ein paar Tropfen Salicylsäure, um den Inhalt vor dem Verderben zu schützen, das ihn sonst bald ereilt.

Wo frisches Fleisch nicht immer zu haben — für sanfte Vegetarianerherzen ist ja mein Büchlein zunächst nicht gedacht — da rathe ich auch zu Conserven von Fleisch und Fisch, ferner zu geräucherten Fleisch- und Fischwaaren, wie Hamburger Rauchfleisch, haltbaren Thüringer Wurstwaaren, Pommer'scher Gänsebrust — na, da lacht Ihr, was? — Gansleberpastete, geräuchertem Lachs, Aal, und was dergleichen mundwässernde Bröcklein mehr sind.

Zur Zubereitung der Speisen dürfen nicht fehlen: Lust und Liebe, Salz und Pfeffer — wo letzterer wächst, gehören nach Junggesellen-Aberglauben die Schwiegermütter hin! — Zucker, Senf, ein paar Gewürze, Mehl und frische Butter. Gutes Salatöl und Fleischextract nicht zu vergessen, wovon ich Maggi's Suppenwürze allen anderen vorziehe. Wenn frisches Brod, Kaffee- und Theegebäck nicht zur Hand sind, empfehle ich Zwieback, englische Bisquits und Pumpernickel. Frische Eier schmecken gut und nähren vorzüglich, eignen sich besonders auch in mannigfacher Verwendung zur Schnellkocherei.

Denn wenn du gutgelaunt bist, taugen
Dir ohne Zweifel „Ochsenaugen",
Und bist du trüben Sinnes, thut
Dir sicherlich ein „Rührei" gut!

II.

Frühstück.

Die Sonne geht pünktlich nach dem Kalender auf; der Hahn kräht, wann's ihm in der Naturgeschichte vorgeschrieben ist, und die Laternen löschen Morgens ebenso tarifmäßig aus, wie die Nachtschnellzüge pünktlich oder mit fahrplanmäßiger Verspätung eintreffen. Nur des Junggesellen wie des Löwen Erwachen ist etwas Unsicheres und hängt von tausenderlei Nebenumständen ab. Ob's im Club Abends fidel war oder langweilig, ob man mit Glück oder Mißerfolg Skat gedroschen.

ob die Bowle gut ausfiel oder verdarb, ob man vom großen
Loos geträumt oder der unbezahlten Schneiderrechnung —
kurzum, das Mannigfaltigste wirkt auf Zeit und Stimmung,
in der man erwacht.

Da ist's für die sorgsamste Hausfrau äußerst schwierig,
was für ein Frühstück und wann sie es bereit stellen solle,
und der verehrliche Junggeselle fertigt es sich am Besten selbst.

Kaffee.

Nur vor Allem gute Sorte nehmen — das ist Hauptbedingung. Möglichst frisch gebrannt — sehr empfehlenswerth ist insbesondere eine Mischung von Java- und Ceylon-Bohnen. Die Bohnen müssen fein gemahlen und mit kochendem Wasser dann angegossen werden — auf zwei kleinere Tassen von je etwa 1 Achtel-Liter-Inhalt rechne man etwa 40 Gramm Kaffeepulver! So lasse man dann den Kaffee — gut zugedeckt, daß das Aroma nicht entweiche! — sich ruhig setzen, was eventuell durch Zugabe einiger Tropfen kalten Wassers beschleunigt werden kann.

Surrogate — wie Feigenkaffee und dergleichen Zeug — sind von allen echten Kaffeekennern verpönt und dienen nur dazu, Kaffeebohnen zu sparen — dreizehn Stück für sechs Tassen!!

Will man indessen gleichwohl den Kaffee nicht so stark trinken, so kann man seine erhitzende Wirkung mildern und eine schöne Farbe erzielen, indem man in dem Aufgußwasser einige Gramm Carlsbader Kaffeegewürze auflöst, das den ureigenen Geschmack des Kaffee's nicht im Geringsten beeinträchtigt.

Wird „Melange" — d. h. Kaffee mit Milch gemischt — getrunken, so sollte man hiezu nur guten süßen Rahm (Sahne), gleichviel ob abgekocht oder nicht, nehmen. Von abgerahmter oder etwa gar schon säuerlicher Milch erhält der beste Kaffee eine schlechte, granliche Farbe — ebenso verliert der Geschmack, der durch Aufwärmen des Kaffee's noch schlechter wird, weßhalb man davon nie mehr als das für den momentanen Gebrauch Nöthige anbrühen sollte.

Dem Junggesellen empfehlenswerth ist condensirte Milch und statt Zucker Saccharin — man vergreife sich aber nicht und erwische Zacherlin dafür!

Wer eine Kaffeemaschine hat, erhält gewöhnlich Gebrauchsanweisung und System dazu. Will man in einer an sich für größere Quantitäten bestimmten Maschine eine kleinere Menge Kaffee bereiten, so messe man das Wasser in Tassen ab, dementsprechend auch nach oben erwähnter Angabe das Kaffeepulver und gebe für's Verdampfen eine halbe Tasse Wasser d'rauf. Wasser gibt ja der Junggeselle gerne her!

Thee.

Unter den diversen grünen und schwarzen chinesischen Thee's verdient der Souchong, der den feinsten Geschmack befriedigt, entschieden den Vorzug; am gefährlichsten für Junggesellen ist der Thee dansant, weil er leicht Verlobungen nach sich zieht.

Minderwerthige Theesorten vertheuern sich von selbst, da man von ihnen größere Quantitäten nehmen muß, und trotzdem findet der Kenner die geringere Qualität sofort heraus.

Schlimme Unterlassungssünden bei der Theebereitung sind

das „laue Angießen", das „lange Ziehenlassen", wodurch man die herrlichste Theesorte verpfuscht.

In eine kleine Kanne — für zwei gewöhnliche Tassen berechnet — gebe man soviel Thee, als man mit drei Fingerspitzen leicht erfaßt — wer seinen Fingerspitzen nicht traut, nehme ein kleines Liqueurgläschen oder einen Theelöffel voll. Dann übergieße man den Thee mit kochendem Wasser, lasse ihn ja nicht länger als vier Minuten ziehen und nehme als Zusatz — nach Belieben — außer Zucker kalten Rahm, feinen Jamaica=Rum oder Citronensaft.

Chocolade.

Auf eine mittelgroße Tasse rechne man eine abgepaßte Tafel Vanille= oder sonstiger guter Chocolade, die man mit dem Messer in kleine Stückchen zertheilt, in Milch — auch condensirter — löst und auf dem Feuer unter beständigem Rühren zum Kochen bringt. Mit dem Siedepunkt — d. h. beim Beginn des Kochens, nicht im Sieden oder Kochen — ist die Chocolade fertig.

Sehr zur Kräftigung dient es, die Chocolade mit einem Eigelb zu verbinden, das aber erst — wenn die Chocolade vom Feuer gezogen ist — vor dem Eingießen in Kanne oder Tasse damit verquirlt werden soll, damit es nicht gerinnt.

Cacao.

Von den vielen angepriesenen Sorten ziehe ich van houten's Cacao vor. Zu einer mittelgroßen Tasse nehme

man zwei Kaffeelöffel voll Cacaopulver, verquirle es mit
kochender Milch oder siedendem Wasser und bringe diese Flüssigkeit unter beständigem Rühren bis zum Siedepunkt. Zucker
nach Belieben.

III.
Suppen.

Auf einen „Löffel Suppe" waren beim Herrn Präsidenten
drei junge Herren eingeladen — grimmige Concurrenten um
den freigewordenen Rathsposten. Aber die Suppe wollte nicht
kommen. Die Frau Präsidentin war in Verzweiflung, während
ihr Mann ein um's andere Mal erstaunt und unwillig nach
der Thüre sah, in welcher die Terrine mit dem erwarteten
Labsal noch immer nicht erscheinen wollte.

Werner, einer der Geladenen, sprang, von einer dunklen
Ahnung erfaßt, auf und stand plötzlich neben der Herrin des
Hauses in der Küche.

„Die Köchin hat sicher die Krebssuppe verdorben?!"
frug er.

„Aber, Herr Werner!" rief die Präsidentin verlegen. „Ich
weiß nicht — in der That —"

„Oh!" sagte er und griff kühn nach einem Topf. „Ich
hab' mir schon mehr als eine Junggesellenbrühe selbst gekocht
— wenn Sie gestatten, versuch' ich's auch einmal mit einer
Familiensuppe!"

Und zehn Minuten später dampfte vor der entzückten
Frau vom Hause eine delikate Suppe in der Schüssel und vier=

zehn Tage später war Werner — Rath. „Was die Anderen nicht erstrebt und erschmeichelt," schmunzelte er, „hab' ich mir erkocht — man kann heutzutage das Glück nicht bloß beim Schopf, sondern auch beim Löffel nehmen!" Also recipe! Denn die Suppe ist und bleibt Grundlage — auch für den Junggesellenmagen! Von der Meinung, daß sie auf die Dauer entbehrlich sei, ist man längst wieder abgekommen — eine gute Suppe ist geradezu Bedingung für die Gesundheit, und wer es richtig anfängt, kann auch bei bescheidenen Vorräthen jeden Tag rasch seine treffliche Suppe auf dem Tische haben.

Sekundenbouillon.

Zwei knappe Theelöffel voll Maggi's Suppenwürze übergieße man mit einer Bouillontasse voll kochenden Wassers, in dem man allenfalls ein Stückchen frischer Butter in der Größe einer Erbse oder doppelt soviel Rindermark schmelzen ließ, um — wie es Viele lieben! — der Bouillon einen angenehmen Fettgehalt zu verleihen und ein „paar Augen" oben schwimmen zu sehen — beim Junggesellen müssen es ja nicht immer ein paar Veilchen-, Gluth- oder Taubenaugen sein!

Sonst ist nur das nöthige Salz erforderlich — nach Belieben etwas Muscatnuß, frischer Schnittlauch, eventuell auch ein Eigelb.

Einfache Weiß- oder Schwarzbrodsuppe.

Feingeblättertes — womöglich nicht zu frisches — Weiß- oder Schwarzbrod wird mit kochendem Wasser übergossen, leicht gesalzen und je ein Teller Suppe mit zwei Theelöffeln Maggi's Suppenwürze gemischt. Sehr kräftigend wirkt ein frisches Ei, das man in die eben siedend angegossene Suppe schlägt und, während sie zugedeckt bleibt, darin erstarren läßt. Muscatnuß und Schnittlauch, wie bei allen anderen Suppen nach Belieben.

Einlaufsuppe.

Man rührt zwei Eier mit einem halben Kochlöffel Mehl ab, gibt eine Prise Salz daran und läßt's so in kochende Bouillon einlaufen, daß sich darin kleine Flöckchen bilden.

Brennsuppe.

Nach unverbürgten Nachrichten so genannt, weil sie sehr gut ist, wenn man sich den Magen verbrannt, d. h. verdorben hat. Ein eigroßes Stück Butter wird erhitzt; darin röstet man sodann zwei Kochlöffel Mehl kastanienbraun, gießt zwei Tassen kochenden Wassers auf und rührt es glatt. Eine Zwiebel und ein Bouquetchen Petersilie mit einem Lorbeerblatt werden zehn Minuten darin ausgekocht. Salz, weißen Pfeffer, Muscatnuß und etwas Weinessig gibt man nach Geschmack dazu.

Suppenpräparate.

Reis-, Gersten-, Hafer-, Grünkern-, Bohnen-, Erbsen-, Linsen-Mehl-Präparate zu Suppen sind in jeder besseren Colonial- und Delikateſſenhandlung zu haben. Man rechne davon je einen Eßlöffel voll auf einen Teller Suppe, verrühre das Präparat zuvor mit zwei Löffeln kalten Waſſers und gieße dann erſt ſo viel kochendes Waſſer auf, als zu dem Teller Suppe nöthig iſt. Dann läßt man das Ganze leicht einmal aufkochen, ſetzt etwas Salz und zwei Theelöffel Maggi's Suppenwürze zu und kräftigt außerdem die Suppe mit einem Eigelb.

Suppen von ganzen Hülſenfrüchten.

Erbſen — grüne, wie getrocknete — Linſen, Bohnen und dergleichen werden, wenn rein ausgeleſen und gewaſchen, weich gekocht, was unter Zuſatz von ein paar Tropfen reinſter Salzſäure — nicht mehr als drei Tropfen auf zwei Teller Suppe — bald geſchehen iſt.

Das Ganze wird dann durch ein Sieb oder einen durchlöcherten Schöpflöffel getrieben, mit Salz und etwas Pfeffer ſchmackhaft, mit zwei Theelöffeln Maggi's Suppenwürze pro Teller oder Taſſe kräftig gemacht, mit kochendem Waſſer gehörig verdünnt, daß es nicht breiartig, ſondern eine leicht gebundene Suppe wird, und über Brodſchnittchen angerichtet.

Zu all' dieſen Suppen ſchmecken ausgezeichnet mit aufgekochte Scheiben von Wiener oder Frankfurter Würſtchen oder würfelig geſchnittenes Rauchfleiſch.

Suppentafeln

aller Art (Knorr'ſche Suppeneinlagen) werden ebenfalls in entſprechend viel Waſſer aufgelöſt und aufgekocht und dann mit Suppenwürze, Salz, etwas weißem Pfeffer und Muscatnuß schmackhaft gemacht.

Gewöhnlich liegt diesen Präparaten das Recept ihrer Zubereitung bei.

Präparaten (Tafeln) für imitirte Ochsenschweif- und Schildkröten-Suppe füge man nach deren Auflösung zur Brühe pro Teller eine Messerspitze Cayennepfeffer, zwei Eßlöffel Madeira und zwei Theelöffel Maggi's Suppenwürze bei.

Jede dieser Suppen muß gehörig ausgekocht sein, damit auch alle ihre Bestandtheile zur Geltung kommen. Das erfordert indessen nicht lange Zeit — es genügt ein- oder zweimaliges, minutenlanges leichtes Aufwallen vollständig.

Extra-Zugaben, wie Wein und Eier, füge man erst unmittelbar vor dem Eingießen in die Schüssel oder den Teller bei und lasse sie niemals mit aufkochen.

Leichter noch als vorstehend beschriebene gebundene Suppen sind

Klare Brühen

mit einer Einlage von Nudeln, Maccaroni und anderen italienischen Teigwaaren herzustellen — ebenso mit Tapioca, Gries, Reis und getrockneter Julienne.

Man bereite sich da nur die oben beschriebene Sekundenbouillon und koche darin eine der genannten Einlagen sechs bis acht Minuten auf. Hievon macht nur der Reis eine Ausnahme, der mindestens 15 Minuten ausquellen muß und wohl ganzkörnig bleiben, aber doch weich werden soll. Reissuppe schmeckt gut in Verbindung mit einem Eigelb und — pro Teller — einem Kaffeelöffel voll Parmesan- oder geriebenem Schweizerkäse.

Beim Einkochen der übrigen Einlagen sehe man genau

darauf, daß die Bouillon erst koche. Nudeln werden locker eingestreut — nicht zu viel, da sie aufquellen — auf einen Teller Suppe etwa zwei gehäufte Eßlöffel voll.

Ebensoviel von getrockneter Julienne.

Von Gries und Tapioca ein Eßlöffel voll pro Teller.

Wenn eine derartige Suppe aufgekocht hat, überzeuge man sich vor dem Anrichten, ob man ihr nicht durch etwas Suppenwürze noch mehr Kraft verleihen solle, da der erste Zusatz durch — wenn auch nur minutenlanges Kochen nicht mehr sehr vorherrschend sein dürfte, es aber doch besser ist, ihn Anfangs nicht wegzulassen, da sein Geschmack und seine Kraft sich den Einlagen liebevoll mittheilt und diese somit weit besser als nur in Wasser gekocht schmecken.

Weitere Suppenarten

werden sehr einfach hergestellt, indem man sauber geputzte und gut gewaschene Blumenkohlröschen, frische grüne ausgelöste Erbsen, oder ganz junge Bohnen, Spargelköpfchen und deren zarte Stengeltheile, letztere in kleine Stückchen zerschnitten, in Sekundenbouillon zusammen oder jede Art einzeln fünf bis acht Minuten aufkocht und über kleine, feine, etwas geröstete Weißbrodschnittchen gießt.

Alle diese Suppenarten sind ungemein leicht herzustellen und können nicht wohl mißlingen.

Sticht aber Einen der verehrlichen Junggesellen der Haber und er hat Zeit und Lust, sich an eine etwas schwierigere Zubereitungsart — vielleicht gelegentlich einer kleinen Einladung in den eigenen vier Wänden — zu wagen, hier sei auch dafür gesorgt:

Echte Schildkrötensuppe.

Man verschaffe sich aus der Fisch- oder Delikatessenhandlung eine Büchse konservirtes Seeschildkrötenfleisch, von dem nach dem Oeffnen der Büchse das grünliche Fett sorgsam abzunehmen ist. Dann röste man zwei Eßlöffel Mehl in einem eigroßen Stück Butter schön tabakbraun, rühre dies dann mit zwei bis drei Tassen voll Sekundenbouillon fein ab und koche darin das in kleine Würfel geschnittene Fleisch der Schildkröte zehn Minuten lang; dann salze man die Suppe angenehm, gebe eine Messerspitze Paprika und — wenn vorhanden — auch einige geschnittene Champignons dazu und mache vor dem Anrichten die Suppe mit etwas Suppenwürze und einem Gläschen Madeira pikant.

Wem das Rösten des Mehles zu umständlich ist, der kann sich dadurch helfen, daß er eine braune Suppentafel als Bindemittel verwendet. Auch gibt es fertiges Einbrenn in den Colonial- und Delikatessengeschäften zu kaufen.

Für Schildkröten-, Krebs- und Ochsenschweif-Suppe existiren übrigens ebenfalls Präparate, die nur aufgelöst zu werden brauchen. Auch bekommt man schon fertige conservirte Krebsbutter zu kaufen.

Krebssuppe.

Man legt zu etwa vier Tellern Krebssuppe 8—10 Suppenkrebse, die man vorher mehrmals gewaschen hat, in siedendes gesalzenes Wasser und kocht sie dort acht Minuten lang. Dann wird das Fleisch aus den Scheeren und Schwänzen gelöst, auch aus dem Schwanze der Darm und aus dem Körper alles Unreine entfernt. Schalen und Beine werden nun fein zerstoßen mit gleichviel frischer Butter, etwas Champignons und ein wenig Salz und Pfeffer, zu welchem Zwecke der Junggeselle einen Mörser zu leihen nimmt. Den Begriff „zu leihen nehmen" oder „pumpen" kennen ja die meisten der Herren. Nun wird die zermalmte Masse in einem weiteren Stückchen Butter einige Minuten auf dem Feuer geröstet; dann gießt man ein paar Tassen der Krebsbrühe daran. Es sammelt sich hierauf die Krebsbutter auf der Oberfläche und ist erkaltet leicht abzunehmen. Die Hälfte davon röste man mit drei kleinen Löffeln Mehl nur 2—3 Minuten leicht an, gieße dann 4—5 Tassen der Krebsbrühe oder auch Sekundenbouillon dazu, rühre es sehr fein zu leicht gebundener Suppe ab und koche es 10 Minuten.

Hierauf kommt das Fleisch der Scheeren und Schwänze — in hübsche Stückchen geschnitten — dazu und obenauf die zerlassene zweite Hälfte der Krebsbutter, die auf der Suppe schwimmen und beim Ausgießen derselben in die Teller den Inhalt der letzteren ganz mit ihrem schönen Roth bedecken soll.

Findet man bei einem Krebse besonders gut entwickelte Couponscheeren, so hebe man dieselben sorgfältig auf, bis man die entsprechenden Couponbögen dazu erhält!

Froschschenkelsuppe.

Ein bis zwei Dutzend Froschschenkel werden nebst einem Stückchen vorher gehackten Kalbfleisches, einer Zwiebel und etwas frischer Petersilie in einem Stück Butter angeröstet, nach fünf Minuten mit zwei bis drei Tassen Sekundenbouillon begossen und darin eine Viertelstunde weich gedünstet.

Nunmehr wird das Ganze durch einen großen Seiher getrieben, mit noch etwas Bouillon aufgefüllt und aufgekocht, mit Salz, etwas Pfeffer und — pro Teller einem Eßlöffel — Maggi's Suppenwürze schmackhaft gemacht und mit so viel Eidottern abgerührt, als man Teller Suppe nöthig hat. Dann richtet man die Suppe über Weißbrodwürfeln an.

Es empfiehlt sich Anfangs, etwas mehr Froschschenkel mitzudämpfen und dieselben auszulegen, ehe sie zu weich geworden, um sie später als Einlage in die Suppe verwenden zu können.

Geflügelsuppen

von Hühnern, Tauben, Enten- und Gänse-Klein (Entenjung, Gansjung) werden schnell und kräftig dadurch bereitet, daß man das betreffende Material — womöglich mit einem Stückchen rohen Ochsen- oder Kalbfleisches, einer Zwiebel und etwas Suppengrün (frischer Petersilie, Wurzelwerk ꝛc.) klein zerhackt und dies dann mit einem Stück frischer Butter und einer Tasse Wasser eine gute Viertelstunde durchdünstet. Dazu gebe man etwas Salz und weißen Pfeffer und achte wohl, daß es sich nicht anlege, was durch öfteres Umrühren, Zugießen von Wasser und stetes Bedecktseinlassen vermieden wird.

Ist die Masse nun breiartig geworden, so fülle man sie mit so viel Wasser auf, als man Suppe nöthig hat, lasse sie noch eine Viertelstunde langsam kochen, seihe sie dann durch ein Sieb, würze sie angenehm mit dem noch nöthigen Salz und etwas Muscatnuß und verbinde sie dann mit so viel Eidottern und Theelöffeln Maggi's Suppenwürze, als Teller Suppe gebraucht werden.

Die Hahnenkämme, Lebern und Mägen, die man nicht

mitverhackt, sondern ganz mitgedünstet und — nachdem sie weich geworden — ausgelegt hat, dienen, hübsch zerschnitten, als Einlage.

Klare Geflügelbouillon.

Dieselbe ist weniger umständlich zu bereiten. Man setzt eine Henne, die gerupft, ausgenommen und ausgewaschen ist, ein Enten- oder Gänse-Jung mit kaltem Wasser, etwas Salz und Suppengrün zum Feuer und kocht dies so lange, bis das Fleisch weich geworden ist. Die hiezu nöthige Zeitdauer läßt sich nicht vorausbestimmen. Eine alte Henne muß mit Rücksicht auf die bei älteren Damen hin und wieder vorkommende Zähigkeit mindestens 2—3 Stunden kochen, damit man das Fleisch genießen kann.

Es empfiehlt sich, zerkleinerte Rinderknochen, ein Stückchen Leber oder Milz mitzukochen, weil dadurch die Suppe viel schmackhafter wird.

In Altbayern werden auf dem Lande von Martini ab die Gänse meist nicht mehr gebraten, sondern gesotten, wodurch man eine vorzügliche Bouillon und sehr gutes Fleisch gewinnt.

Eine Einlage von Suppennudeln ist beliebt.

Wildsuppen

aller Arten aus Wildgeflügel und Bratenresten werden ganz nach der bei den Geflügelsuppen gegebenen Anweisung hergestellt. Man zerkleinert Fleisch und Knochen — roh oder gekocht — im Mörser, dämpft es, wie oben geschildert, mit etwas Wurzelwerk in einem angemessenen Quantum Butter, gießt Sekundenbouillon auf und kocht es gut durch, seiht die fertige Suppe dann und würzt sie schmackhaft mit Salz, Paprika, Weißwein oder Madeira und Fleischextract.

Kleine Fleischstückchen von den betreffenden Wildsorten oder Weißbrodwürfel können als Einlage dienen.

Bei dieser Wildsuppe wird der wildeste Junggeselle zahm.

Kartoffelsuppe.

Für drei bis fünf Teller Suppe schält man sechs bis acht rohe Kartoffel, die dann in dünne Scheiben geschnitten, in Butter mit gehackten Zwiebeln, Porree (Lauch) und Petersilie — gut bedeckt — gedünstet, mit etwas allmählig zugegossener Bouillon ganz weich gedämpft und hierauf mit einem Koch= löffel voll Mehl gestäubt werden. Man rühre dabei, um das Anlegen zu verhüten, öfter um, fülle dann das entsprechende Quantum Sekundenbouillon nach und rühre die Suppe während des Aufkochens fein ab, seihe sie durch ein Siebchen, gebe ihr mit Salz, Pfeffer und Muscatnuß Geschmack und kräftige sie mit Maggi's Suppenwürze oder Worcestershire=Sauce. Als Einlage sind Weißbrodwürfelchen — in Butter geröstet — zu verwenden.

Selleriesuppe.

Dieselbe wird nur mit dem Unterschiede des Materials wie vorstehende Kartoffelsuppe bereitet und vollendet.

Kerbelsuppe.

Eine Hand voll der ersten Frühlingskräuter (rein gewaschener Kerbel) mit einer Zwiebel fein gewiegt wird 5 Minuten in Butter geschmort, mit einem Löffel voll Mehl weitere drei Minuten geröstet, dann mit drei Tassen Sekundenbouillon aufgegossen und aufgekocht, mit Salz, Pfeffer, Muscatnuß und Maggi's Suppenwürze schmackhaft gemacht und nach Belieben noch mit ein paar Eidottern gemengt.

Sauerampfersuppe.

Pflück' ihn, lieber Junggeselle, womöglich selber, wasch' ihn rein, hack' ihn und verfahre im Uebrigen nach vorstehendem Recept!

Alle diese Suppen eignen sich brillant zur Einleitung eines Junggesellen-Diners, ohne daß man auch nur frische Fleischbrühe nöthig hat. Letztere gewinnt man übrigens ohne größeres Quantum Fleisch in 50 Minuten nach folgendem Recept.

Fleischbrühe.

Man übergießt ein halbes Pfund gehacktes Rindfleisch — gemengt mit zerkleinerten Knochen und womöglich auch Geflügelabfällen, außerdem mit einem kleinen Stückchen Leber oder Milz und zerschnittenen Suppenkräutern — in fest verschließbarem Topf oder auch in einer weithalsigen Flasche mit drei Viertellitern kalten Wassers und stellt den Topf oder die Flasche in ein Gefäß mit Wasser, welch' letzteres zwei Dritttheile davon bedeckt. Darin läßt man Topf oder Flasche drei Viertelstunden lang fest umkochen. Das Bad kann sieden und wallen; der Inhalt des anderen Gefäßes aber soll nur ziehen, bis all' seine Kraft sich der Brühe mitgetheilt hat, die dann durchgeseiht, leicht gesalzen und aus Bouillontassen getrunken wird.

Haushaltungs-Fleischbrühe.

Siehe das Recept für Ochsenfleisch im folgenden Abschnitt!

Obst- und süße Suppen

sind den Herren der Schöpfung — wenn sie nicht Vegetarianer sind, für die ich zunächst nicht koche — unsympathisch; ich lasse sie daher weg. Wer sie dennoch will, soll — heirathen; da hat er immer was Süßes.

Suppensentenzen.

Der Junggeselle findet kaum
Ein H a a r in seiner Suppe flaum;
Denn meist lacht ihm ja schon darein
Ein majestätischer Vollmondschein.

*

Wer nie sein Süpplein selbst gerührt,
Zu wenig Salz, zu viel genommen,
Bis er es schließlich recht bekommen,
Hat nie des Kochens Reiz gespürt.

*

Brock’ nie dir eine Suppe ein,
Sei’s nun im Leben, sei’s am Herd,
Die, selbst vergnüglich auszulöffeln,
Dir später Herz und Sinn verwehrt!

*

So war’s mit unvorsichtigen Leuten
Auf Erden noch zu allen Zeiten:
Zum Teller Supp’ erst eingeladen,
Dann kam der Fisch und dann der Braten
Und schließlich — so ging’s immer aus —
Ward jäh’ ein S c h w i e g e r s o h n daraus!

*

Fettaugen auf der Suppe
Sind Keinem schnuppe.

IV.
Fleischspeisen.

Der arme Arthur war, bis er nach Oedhausen versetzt wurde, ein Muttersohn par excellence gewesen. Ein bequemer Herr, Anfangs der Dreißiger, der mit der ganzen Verwöhntheit des Hausältesten sich von sorglichen Mutter= und Schwesterhänden Alles so richten ließ, wie’s ihm just paßte — und nun plötzlich hinausgejagt aus diesem urbehaglichen Heim, sich selbst überlassen, auf ein paar Jahre, bis er versprochener Maßen zur Regierung zurückkehren sollte, vollkommen isolirt — es war zum Verzweifeln!

Das Heimweh fiel ihn an wie ein Rudel hungriger Wölfe, dem er trotz allen Kämpfens nicht Herr wurde. Er miethete sich ein Reitpferd, ließ aber das schnöde Thier, als er unter dessen Leitung die Straßengräben der Stadtumgegend hinreichend kennen gelernt hatte, wieder fahren — dann warf er sich auf die Poesie, las Faust und Dante; aber dort, wo's in ihm leer war, drang kein Lichtstrahl ihrer Dichtersonne hin — schließlich kaufte er sich einen Mops, gelobte ihm unverbrüchliche Busenfreundschaft, räumte ihm das halbe Sopha ein und mußte bei der ersten Gelegenheit, als sich zwischen ihnen um den Alleinbesitz des Bettes als Nachtlager Differenzen entwickelten, erkennen, daß auch der Mops kein liebendes, selbstloses Herz hatte; denn er sprang ihm kneifend und kneipend an die Waden.

Da schrieb er seiner Mutter einen verzweifelten Brief und siehe da — sie schrieb ihm kurz und bündig zurück: „Koche dir selbst — das macht dir Vergnügen, Zerstreuung, Abwechslung — das bringt uns einander wenigstens im Geiste und im Magen näher!"

Er versuchte es und wahrhaftig, die gute alte Dame hatte Recht. Statt mit Blätterrauschen und Waldessäuseln, statt mit Quellengemurmel und Lerchengetriller stillte er sein Weh mit einem saftigen Stück —

Ochsenfleisch,

aus dem man zugleich eine gute Bouillon gewinnen kann.

Beim Einkauf ist darauf zu achten, daß das Fleisch eine schöne, glänzend rothe Farbe habe, nicht von zähen Sehnen durchzogen sei — so was macht sich in einem Gedicht besser als im Ochsenfleisch — ebenso daß der betreffende Ochse — wirklich einer gewesen und schon vor mehreren Tagen geschlachtet worden sei.

Das saftige Zwerchrippen- und das mit einem Fettkränzchen versehene Rosenstück eignen sich am Besten zum Sieden.

Auf ein Pfund Ochsenfleisch rechne man 1 $\frac{1}{2}$ Liter Wasser, wobei das, was eindampfen wird, bereits mitgerechnet ist.

Das Fleisch wird gewaschen — viele Köche gestatten's nicht, aber 's ist appetitlicher! — und mit kaltem Wasser, vorerst nur ganz leicht gesalzen, zum Feuer gesetzt. Ein Stückchen Rindsleber oder Milz, ebenso zerkleinerte Knochen tragen ungemein zur Kräftigung der Brühe bei.

Das Fleisch wird langsam zum Kochen gebracht und der aufquellende Schaum, welcher gerade das Eiweiß und die Kraft enthält, nicht abgenommen; dann wird ein wohlgereinigtes Bouquetchen Petersilie, eine gelbe Rübe und eine Zwiebel beigegeben. So läßt man es 1 Stunde fortwährend — aber nur leicht, nicht wallend — kochen. Wenn das Fleisch von einem jungen, gut gemästeten Thiere ist, wird es nach dieser Zeit gerade recht, in seinem vollen Safte sein. Wünscht man jedoch das Fleisch sehr weich, so muß man es entsprechend länger kochen lassen — ebenso auch ein schweres, mehrere Pfund wiegendes Stück.

Die gewonnene Bouillon versehe man mit einer beliebigen Einlage.

Zum Ochsenfleisch passend ist eine Beilage von Essig-Gürkchen, Mixed-Pickles, Rothrüben, Salz- oder Senfgurken, was Alles in kleinen Quantitäten — kühl aufbewahrt — lang vorräthig gehalten werden kann.

Gut schmeckt außerdem dazu frischer Gurken- oder Rettig-Salat oder nur Senf oder Worcestershire-Sauce. Vorzüglich aber mundet warmer Bouillon-Meerrettig. Man röste dazu in einem Stückchen Butter von der Größe eines Taubeneies einen gehäuften Kaffeelöffel Mehl 2 Minuten lang, mische damit zwei Eßlöffel voll frischgeriebenen Meerrettig — beim Reiben sei ein Mann und weine nicht! — worauf man eine Tasse Fleischbrühe darübergießt, das Ganze verrührt und nur einmal auf dem Feuer leicht aufwallen läßt; dabei wird eine Prise Salz und ein halbes Stückchen Würfelzucker dazugegeben.

Wer rasch ein saftiges Stück Ochsenfleisch wünscht, besorge sich solches von der „Krone" — da kriegt er ein Staatsstück. Ein halbes Pfund, in kochendes, leichtgesalzenes Wasser gelegt, ist in 6 bis 8 Minuten fertig und wird in seinem vollen Safte („Halbenglisch") ohne weitere Zugaben nur leicht mit Brühe begossen und übersalzen gespeist.

Nach Münchner Art wird die „Krone" — statt auf Sammtkissen — auf Holztellern servirt. Beim Anschneiden soll aus dem Fleisch noch etwas Blut entquellen. Es schmeckt nicht nur vorzüglich, sondern ist auch äußerst nahrhaft und leicht verdaulich.*

Für mehrere Personen legt man die ganze „Krone" und damit große Ehre ein; man kocht sie — die Krone nämlich — dann etwa eine Viertelstunde lang.

Deutscher Senf schmeckt gut dazu.

Die schnelle und leichte Zubereitungsart empfiehlt die „Krone" als vorzügliches Jagd- oder Manöverfrühstück; ebenso bewährt sie sich, frisch mitgenommen, für Touristen. Um Wasser und Salz ist man ja selten verlegen. Eventuell läßt sich das Fleisch auch über Holzfeuer in ein paar Minuten als Beefsteak schmoren.

───

Bei all' den nun folgenden Pfannensachen, Steaks, Rostbraten, Kalbsschnitzel und Cotelettes nat. ec. habe man Acht, daß die Butter erst richtig heiß geworden, ehe man das Fleischstück einlegt; es erhält sonst ein fahles, bleichsüchtiges Aussehen, auch nehme man nicht zu viel Butter, helfe lieber damit beim Umwenden und Uebergießen, kleinstückchenweise nach, wenn man erst auf beiden Seiten eine appetitliche, bräunliche Farbe erzielt hat.

───

* Die Kronfleischküchen in München — besonders jene unter dem alten Rathhaus, in der man vorzüglich und billig speist, weßhalb sie auch den ganzen Vormittag und Mittag nicht von Gästen leer wird — sind für den Fremden wohl eines Besuches werth. Die Verf.

Rindsgoulasch.
(10 Minuten.)

"Ausgezaichnet für schnaidigen Junggesellen — teremtete!"
Man röstet im Pfännchen in einem eigroßen Stück Butter
zwei Kaffeelöffel voll feingehackter Zwiebel und wo möglich
— ist aber nicht unbedingt nöthig — ebensoviel in Würfeln
geschnittenen Specks 2 Minuten lang. Dann läßt man
darin etwa ein halbes Pfund in schöne Würfel geschnittenes
Filet 5 Minuten lang leicht anbraten, wendet es ein paar
Mal, stäubt eine Messerspitze echten Cayennepfeffer und eine
Prise Salz daran, gießt einige Eßlöffel gute Bouillon (event.
nur Wasser und Maggi's Suppenwürze) dazu, schwenkt's leicht
durcheinander und speist es mit dem guten Appetit, den ich
schon in der Vorrede gewünscht habe, zu einem frischen,
knusperigen Brödchen oder zu ganzen Kartoffeln.

Lendenschnitten.

Man lasse sich vom Fleischermeister — oder meinetwegen
auch von seiner Frau — fingerdicke Streifen von einem schönen
Ochsenfilet schneiden, leicht auf beiden Seiten klopfen, bezw.
nur ausstreifen und wieder zu schöner Form runden.

Zu Hause bestreue man diese Schnitten leicht mit Salz
und etwas weißem Pfeffer, brate sie in erst heißgemachter
Butter auf beiden Seiten je 3 Minuten lang, lege sie dann
auf erwärmten Teller, koche das im Pfännchen Angelegte mit
einem Löffel voll Wasser auf, füge einige Tropfen Fleisch=
extract hinzu und gieße es so über die Lendenschnitten. Diese
Sauce ist ganz "kurz" zu halten, und soll möglichst nur aus
dem eigenen Safte bestehen.

Mit darin aufgekochten Champignons oder einem Güßchen Madeira kann man diese Platte

„Lendenschnitten mit Champignons"
oder
„Lendenschnitten in Madeira"

taufen.

Beefsteaks.

Aha, da schmunzelt Ihr! Ein zweifingerdickes Stück Filet wird nur leicht geklopft, wieder schön gerundet, mit Salz und etwas Pfeffer bestreut und in heißer Butter unter fleißigem Begießen auf beiden Seiten je 4 Minuten gebraten. Da man Beefsteaks gewöhnlich „englisch" wünscht, ist diese Zeitdauer angenommen. Liebt man sie mehr durchgebraten, so läßt man sie 3 oder 5 Minuten länger schmoren.

Man genießt sie am Besten nur mit dem eigenen Safte begossen, macht sich wohl auch ein Spiegelei oder ein wenig Kräuterbutter darauf und wählt sich eine beliebige Beilage dazu.

Schnell fertig und sehr passend dazu sind

Geröstete Kartoffel.

Abgekochte Kartoffel — gleichviel, ob warm oder schon erkaltet — werden geschält und in feine Scheibchen geschnitten, dann mit etwas Salz und Kümmel in Butter schön goldgelb und krustig geröstet; Viele lieben auch etwas Zwiebel daran.

Eine andere Art, Beefsteaks zu bereiten, ist jene, dieselben, wenn leicht geklopft und gesalzen, in gutes Olivenöl zu tauchen und auf die bereits heiß gemachte Pfanne oder einen Rost zu legen. Das Oel verhindert das Ausquellen des Saftes vollkommen, weßhalb die ganze Kraft in dem Fleische bleibt. Man brät es bei guter Hitze sechs bis acht Minuten, wendet es fleißig und belegt diese trocken — d. h. ohne Butter — gebratenen Steaks in Ermanglung eigener Sauce mit einem Stückchen Kräuter-, Sardellen= oder Senf= butter (bezüglich ihrer Bereitung siehe Seite 60!) oder hält sich hiezu Worcestershire- oder Beefsteak=Sauce (letztere nur in Originalfläschchen zu kaufen).

Miniatur-Beefsteaks.
(Fünfminutenplatte.)

Von dem schmalen Ende des Filets schneide man klein= fingerdicke Stückchen ab und dressire sie zu Fünfmarkstück= oder Thalergroßen Steaks, die man leicht gesalzen und ge= pfeffert in heißer Butter 3 Minuten unter fleißigem Wenden und Begießen braten läßt.

Zu Picknicks oder Jagden in verschließbarer Pfanne (siehe Büchelsteiner=Maschine!) zu Hause vorbereitet und mit= genommen, können sie auf dem Herde jeder Bäurin schnell mit etwas Reisig und Holzspähnen oder im Walde auf einem Holzfeuer in wenigen Minuten den hungrigen Jägern oder Touristen zu einem willkommenen „Tischlein=deck=Dich" dienen.

Maschinen-Beefsteaks.

Wer gebratene Steaks weniger englisch und auch von außen weich liebt, schaffe sich ein kleines, nur für ein Beef=

steak Raum bietendes Maschinchen an, das mit einem gut passenden, fest schließenden Deckel versehen ist. Der Boden des Gefäßes wird reichlich mit Butter ausgestrichen, das vorbereitete Steak — Salz und Pfeffer nicht vergessen! — mit etwas feingeschnittenem Wurzelwerk, als Petersilie, Zwiebel und einigen Gelbrübenschnittchen (Alles rein gewaschen und geputzt) eingerichtet und bei gelinder Hitze gut verschlossen in seinem Safte gedämpft. Nach 4 Minuten wird das Maschinchen geöffnet, das Steak rasch gewendet und übergossen, etwa zwei Eßlöffel voll Bouillon zugesetzt, dann rasch wieder zugedeckt und weitere 3 bis 4 Minuten gebraten.

Vorzüglich und außerordentlich kräftig schmeckt hiezu ein Stückchen Rindermark, das man mitdämpft und auf das Steak legt. Das Fleisch wird dadurch noch weit vollsaftiger.

Maschinensteaks werden nicht auf der Platte, sondern im Maschinchen servirt und dieses erst vor dem Speisenden geöffnet.

Bezugsquelle für Beefsteak-Maschinchen: Schüssel-Bazar München.

Deutsches Beefsteak.

Gehacktes Ochsenfleisch mit gleichviel gehacktem Schweinfleisch gemengt — was man schon in diesem Zustande beim Metzger haben oder sich doch dort so bestellen kann — wird angenehm gesalzen und gepfeffert, eventuell auch mit etwas feingeschnittener Petersilie und Zwiebel gemischt, zu schönen, runden, gut fingerdicken Beefsteaks geformt und wie solche in Butter gebraten. Die Brühe wird entfettet, ein paar Eßlöffel voll Bouillon oder Wasser mit Maggi's Suppenwürze dazu gegeben, dies aufgekocht und über das Beefsteak gegossen. Bratezeit 6 Minuten unter öfterem Wenden.

Rohe Beefsteaks (à la tartare).

Vorzügliches, Katzenjammer ersparendes Magenpflaster, wenn der p. p. Junggeselle des Guten mal zu viel ge — trunken!

Frisches, hautloses, feingehacktes oder geschabtes Filet, mit Salz und Paprika gewürzt, wird zu daumendicken kleinen Beefsteaks geformt; in der Mitte eines jeden drücke man mit einem Ei eine kleine Vertiefung ein und fülle dieselbe mit einem frischen (nicht zerlaufenen) Eidotter. Die Steaks umgebe man mit kleingehackten Zwiebeln und Essig-Gürkchen, und mische beim Verzehren etwas Essig, Öl und Senf dazu.

Wiener Rostbraten.

Laß Dir, schätzbarer Junggeselle und Oberleibkoch Deiner eigenen Gnaden, einen fingerdicken Streifen vom Roastbeefstück abschneiden und leicht auf beiden Seiten ausstreifen! Dies wird dann gesalzen, gepfeffert und in heißer Butter mit einigen Zwiebelscheiben unter fleißigem Begießen und Wenden sechs Minuten lang gebraten.

Rostbraten — echt ungarisch

wird sammt der Rippe, wenn leicht gesalzen und mit etwas Paprika bestreut, in halb Butter halb Schweineschmalz unter Zugabe von reichlichen Zwiebelscheiben gebraten.

Kalt gestellt, mit dem ganzen Safte übergossen, bildet dieses Gericht eine beliebte Frühstücks- und Abendplatte. Die

erstarrte Sauce schmeckt auf's Brod gestrichen vorzüglich. Irgend
ein pikanter Salat, harte Eier, Salzgurken und dergl. statten
die Platte complet aus.

Rumsteak-Entrecôte.

Vom Roastbeefstück ein gut daumendicker Streifen abge=
schnitten, rechts und links etwas geklopft, leicht gesalzen und
gepfeffert, in schöne, längliche Form gebracht, das Fettkränzchen
einige Male eingeschnitten, wird dann in erhitzter Butter auf
beiden Seiten je 3—4 Minuten schön gebraten. Der eigene
Saft, mit dem man es fleißig begieße, wird schließlich mit
ein paar Eßlöffeln voll Bouillon aufgekocht und darunter
gegossen.

Hiezu eine sauce bearnaise auf leichteste Art: Fünf Eß=
löffel voll Weißwein, zwei Eigelb, zwei Kaffeelöffel Maggi's
Suppenwürze, etwas Citronensaft, ein Eßlöffel Estragonessig,
etwas Muscatnuß, feingehackte Zwiebel und Petersilie, eine
Prise Salz und eine solche weißen Pfeffers, wird mit einem
eigroßen Stück Butter in einem Porzellantöpfchen, das man
in leichtkochendes Wasserbad stellt, fein dicklich abgerührt.

Büchelsteinerfleisch

— unter dem etwas entstellten Namen „Pickelsteiner" bekannt —
wird nach Originalrecept, wie folgt, bereitet:

Hauptsache ist eine gut schließende Maschine, sehr einfach
aus zwei tiefen, tellerartigen Theilen bestehend.* Feuerung:
Ein beliebiger Apparat oder nur ein Dreifuß über Holzfeuer.

* Bezugsquelle in allen Größen für 2—20 Portionen: Spänglerei Lenz in
Pfarrkirchen. Die Verf.

Am Besten verwendet man nur Filet, das vollständig enthäutet und in Stücke von Messerrückendicke geschnitten wird. Unten in die Maschine kommt etwas zerbröckeltes Ochsenmark, darüber eine Lage Fleisch, das man salzt, mit Paprika bestreut und reichlich mit feingeschnittenem Wurzelwerk (Zwiebel, gelben Rüben, frischer Petersilie, Lauch ꝛc. ꝛc.) bedeckt. Nunmehr folgt eine Lage vorher in Scheiben geschnittener Kartoffel, die man übersalzt und dann so fortfährt, Mark, Fleisch, Wurzeln und wieder Kartoffel aufeinander zu schichten. Für eine oder zwei Personen genügt wohl je eine Lage des Genannten; für Mehrere fülle man die Maschine mit entsprechend vielem Material schichtenweise bis über den Rand, gieße einige Eßlöffel Wasser oder Bouillon darüber und drücke den andern Theil der Maschine fest darauf. Man lasse nun die Masse auf dem Feuer erst auf der einen Seite etwa acht bis zehn Minuten dämpfen, stürze sie dann und lasse sie die gleiche Zeit auf der andern Seite schmoren.

Ist die Maschine mit mehreren Schichten gefüllt, so erfordert das Kochen selbstverständlich längere Zeit (30—40 Minuten).

Beliebt ist es auch, Büchelsteinerfleisch aus verschiedenen Fleischarten herzustellen. Die untere Lage bildet dann Schweinefleisch, die zweite Rinderfilet, die dritte Kalbfleisch — Alles gleichmäßig geschnitten, dazwischen je eine Lage Kartoffeln und Grünes.

Die Geschichte des Büchelsteinerfleisches führt auf einen praktischen bayerischen Forstmeister vor etwa fünfzig Jahren zurück. Der Büchelstein ist ein Ausläufer des bayerischen Waldes in der Gegend von Hengersberg bei Deggendorf und seiner hübschen Aussicht wegen ein beliebter Ausflugsort dortiger Naturfreunde. So bestiegen seinen Gipfel schon vor einem halben Jahrhundert Einheimische und Fremde gerne. Um aber nach den Mühen des Aufstiegs neben einem

Trunk Bier, das man in Fäßchen hinaufschaffte, ohne besondere Weiterungen auch ein kräftiges warmes Gericht genießen zu können, ersann der damalige kgl. Forstmeister Hilber das Büchelsteinerfleisch. Das Gericht wurde im Thal in einer gut verschließbaren Blechkasserolle zusammengestellt, im Rucksack den Berg hinaufgetragen und oben gar gekocht.

Das vorstehende Recept und diese Bemerkungen über die Geschichte des Büchelsteinerfleisches verdanke ich der Güte einer nahen Verwandten des wackeren Forstmeisters.

Wenn man übrigens „Büchelsteiner" transportirt, gieße man das kleine Quantum Wasser, das zum Verdampfen nöthig ist, erst an Ort und Stelle zu.

Das müßt' kein Junggeselle sein,
Der nicht das Fleisch von Büchelstein
Hochhielte als ein Ideal
Und kochte hie und da einmal!
Zeigt sich ja doch das „Büchelsteiner"
Stets als der Steine der Weisen einer!

Zu vorstehend beschriebenen Gerichten, den Steaks, Filets und Rostbraten ꝛc. ꝛc. eignet sich vorzüglich eine Beilage von

conservirten Gemüsen.

Bei nachstehenden Originalrecepten der französischen und englischen Küche bemerke ich wiederholt wie an früherer Stelle, daß das Erwärmen der Conserven in der Büchse nur dann räthlich ist, wenn der ganze Inhalt derselben auf einmal verbraucht wird; anderenfalls entnehme man nur das nöthige Quantum und bereite es im Pfännchen zu. In eine geöffnete

Büchſe gieße man ein paar Tropfen Salicylſäure, um den noch vorhandenen Inhalt vor dem Verderben zu ſchützen, das ihn ſonſt leicht ereilt.

Grüne Bohnen. — Haricots verts.

Man erwärme die Bohnen, deren Waſſer man in der Büchſe zurückgelaſſen oder abgeſeiht hat, mit einem Stückchen friſcher Butter, die man heiß, aber nicht braun werden läßt, gebe eine Priſe Salz und weißen Pfeffer dazu, ſchwenke das Gemüſe à Portion mit einem Theelöffel Maggi's Suppen= würze gut durch einander und lege oben auf noch etwas klein zerbröckelte friſche Butter, mit feingehackter Peterſilie ge= miſcht.

Kernbohnen. — Flageolets.

Nachdem die Doſe geöffnet worden und die Bohnen gut abgelaufen ſind, würze man ſie mit je einer Priſe Salz und weißem Pfeffer ſowie etwas Muscatnuß. Dann ſchütte man ſie in heiß gemachte Butter, gebe ein paar Eßlöffel Sekunden= bouillon hinzu und dämpfe das Gemüſe einige Minuten. Schließlich miſche man ein Stückchen beurre manié (Mehl und Butter kalt vermiſcht) ſowie etwas Peterſilie darunter, ſchwenke es gut durcheinander und ſervire es recht heiß.*

---

* Anmerkung: Dieſe Art Gemüſeſauce=Zubereitung mag man bei allen anderen friſchen und getrockneten Gemüſearten anwenden, wie Carotten, Spinat, Sellerie, Blaukraut, Weißkraut, Julienne, Roſenkohl, Bohnen ꝛc. ꝛc.

Die Verf.

Getrocknete Gemüse.

Dieselben sind durch den Entzug des Wassers dauerhaft gemacht, enthalten aber alle Nährsalze, so daß man bei ihnen Zeit, Mühe und Feuerungsmaterial spart. Sie werden ohne vorheriges Einweichen 15—20 Minuten in Salzwasser gekocht; Wasser nehme man dabei nur so viel, als zum reichlichen Ausquellen erforderlich. Dann gieße man das wenige noch überflüssige Wasser ab und bereite die Gemüse nach obigem Recepte zu.

Bei Blaukraut achte man darauf, daß man es — frisch geschnitten wie getrocknet — erst mit etwas Essig überspritze, damit es seine schöne Farbe behält und nicht grau oder braun aussieht.

Erbsen — Petits Pois.

Man öffnet die Dose — nachdem man sie, falls man ihren ganzen Inhalt verwenden will, fast bis zum Siedepunkt erwärmt hat — schüttet die Erbsen auf ein Sieb, läßt sie gut ablaufen, macht die nöthige gute Butter recht heiß, aber nicht braun, schüttet die Erbsen hinein, schwenkt sie gut um, gibt Salz, etwas Petersilie, wenig Pfeffer und eine Prise Zucker hinzu und servirt das Gemüse, nachdem man noch etwas Butter mit Petersilie gemischt obenauf gelegt hat.

Petits pois à l'anglaise.

Man erwärmt die Erbsen, fügt ein wenig Salz hinzu, läßt sie gut ablaufen, schüttet sie in die Platte und überstreut das Gemüse mit ein wenig feinem Zucker und gehackter Petersilie. Dann bedeckt man die Erbsen mit feinen Schnittchen frischer Butter, welche man von selbst zergehen läßt. Acht geben, daß vor lauter Obachtgeben diese Gemüse doch gut heiß auf den Tisch kommen, also Teller und Platten wärmen!

Stangen-Spargel.

Man öffnet die Dose, läßt das Wasser ablaufen und läßt die Stangen behutsam in beinahe kochendes Wasser gleiten, gießt eine Kleinigkeit Butter und Salz hinzu, läßt die Spargel, bis sie heiß sind, darin liegen und servirt sie mit einer weißen Sauce aus Butter, Mehl, Spargelbrühe und Fleischextract.

Eine zweite Zubereitungsart ist die, daß man die geschlossene Dose — wenn man deren ganzen Inhalt verwenden will — 8 bis 10 Minuten in kochendes Wasser stellt, sie dann öffnet, den Spargel gut ablaufen läßt, auf eine Platte schüttet und mit der gleichen Sauce oder nur mit heißer Butter übergießt.

Sehr angenehm schmeckt der Spargel auch, wenn man denselben mit einer Essig- und Oel-Sauce, welcher man einen zerdrückten Eidotter beimischt, servirt. Doch muß feinstes Olivenöl dazu genommen werden und weniger Essig.

Brechspargel.

Man öffnet die Dose, gießt das Wasser ab und schüttet die Spargel in eine recht heiße weiße Buttersauce und schwenkt das Gemüse tüchtig darin um, ohne es mit dem Löffel zu berühren.

Artischoken-Böden — Fonds d'artischauts.

Man erwärmt die geschlossene Dose 8—10 Minuten in kochendem Wasser oder legt die Artischoken-Böden in kochendes Wasser, damit sie gut heiß sind, und übergießt dieselben mit folgender Sauce: Man nimmt 4 Eidotter, ein Stück frische Butter, einen Kochlöffel voll Mehl und einen halben Liter Fleischbrühe, dazu das nöthige Salz, rührt die Sauce auf dem Feuer, bis sie kocht, und übergießt damit die Artischoken.

Artischoken mit Käse.

Man erwärmt die Artischoken in Bouillon — wie oben geschildert — läßt sie gut ablaufen, legt sie lagenweise in eine tiefe Schüssel und streut geriebenen Parmesan- oder Schweizerkäse dazwischen, übergießt das Ganze mit einer Rahmsauce und Butter und läßt es backen.

Champignons.

Sie gehören zu den edelsten, wohlschmeckendsten, nahrhaftesten und leicht verdaulichen Pilzarten und lassen sich neben ihrer Verwendung zu vielen Sorten Fleischspeisen auch als Gemüse richten, indem man 2—3 Eßlöffel guten sauren Rahm, etwas Mehl und den Saft einer Citrone heiß macht, die Champignons dazu schüttet, mit aufkocht und mit einem Theelöffelchen Maggi's Suppenwürze schmackhaft macht.*

* Das Quantum von Zuthaten an Mehl, Butter, Fleischextract bei allen diesen Gemüsen bemißt sich selbstverständlich nach der Zahl der Portionen. Für eine Person rechne man stets ein zweiwallnußgroßes Stück Butter und je einen Theelöffel Mehl und Maggi's Suppenwürze. Die Verf.

Von allen Gemüsen, die es gibt,
Ist eines am allermeisten beliebt —
Ich meine: Des Ruhmes Gemüse!
Doch strebe ihm Keiner nach zu sehr,
Damit er die Ruhe nicht immer mehr
Und seine Zufriedenheit büße!

*

Sollst Du leben frisch und wohl,
Züchť nicht allzuvielen — Kohl!
Willst Du schon was angebaut,
Sei es — Tausendguldenkraut!

* * *

—

Büchsenzungen.

Zungen gibt's ja ganz verschiedene auf der Welt. Das Zünglein der Flamme, die gierig nach der bezahlten Schneiderrechnung als nach einem sehr seltenen Genusse leckt — das Zünglein an der Waage, das oft bedeutend hin und wider zuckt, ehe es sich für diese oder jene Schale entscheidet, das Weiberzünglein, das vom süßesten Flöten bis zur schärfsten Gardinenpredigt alle Töne bemeistert — aber für einen Junggesellen ist und bleibt eine Büchsenzunge das Werthvollste. Es mag ja auch manchen Ehemann geben, der Hunderte dafür zahlen würde, wenn er die Zunge seiner Schwiegermutter in eine Büchse einsperren könnte; aber geschieht ihm schon recht. Der Junggeselle macht's anders: Er öffnet die Büchse, befreit die Zunge von ihrem Fett und schneidet nach Bedarf in schönen schrägen Streifen ab — einmal an der Spitze, einmal am Ende, damit sich die kleinen schmalen mit den größeren ansehnlichen Stücken ergänzen.

Die Zungenschnitten erwärmt man in heißem — jedoch nicht kochendem — gesalzenen Wasser oder in Bouillon und wählt dazu eines der frischen oder getrockneten Gemüse.

Sehr gut schmeckt hiefür der weiter oben beschriebene Bouillon-Meerrettig.

Geräuchertes Ochsenfleisch.

Der Ochse ist von einer unverwüstlichen Menschenfreundlichkeit. Selbst geräuchert schmeckt er delikat — besonders das Hamburger geräucherte Ochsenfleisch ist sehr beliebt. Es wird in kaltem Wasser zugesetzt und reichlich 2 Stunden gekocht. Die Brühe von geräuchertem Fleisch ist sehr gut zur Bereitung von Hafer- und Gerstensuppen.

Kalbsgoulasch.

Man gebe zwei Kaffeelöffel voll feingehackter Zwiebel in heiße Butter, dazu eine Messerspitze Paprika und ein paar Tropfen Essig, der dazu dient, dem Cayennepfeffer seine schöne rothe Farbe zu erhalten. Hierin schmort man ein Pfund in messerrückendicke Würfel geschnittenes Kalbfleisch ungefähr acht Minuten lang, bestäubt es mit einem Kaffeelöffelchen voll Mehl und einer Prise Salz, gießt nach weiteren 3 Minuten eine halbe Tasse Sekundenbouillon dazu, kocht es damit noch 2 Minuten auf und kräftigt es mit einigen Tropfen Maggi's Suppenwürze.

Kalbs-Cotelettes und Schnitzel

läßt man sich am Besten gleich in der Fleischbank vom geeigneten Stück abschneiden und auf beiden Seiten leicht klopfen, beziehungsweise ausstreifen. Leicht mit Salz und Pfeffer bestreut — eventuell auch mit ganz wenig Mehl — legt man es in sehr heiße Butter und brät es unter fleißigem Wenden und Uebergießen 7 Minuten lang. Der Sauce setze man einen Löffel voll Wasser oder Bouillon und etwas Fleischextract zu.

Als Paprikaschnitzel gegeben, wird das Fleischstück erst auf beiden Seiten mit etwas echtem Paprika und Salz eingerieben, dann wie beim anderen Kalbsschnitzel verfahren, nur noch der Sauce etwas saurer Rahm und Citronensaft beigemengt.

Wie unter loserem Gewitzel
Ein biederes Gedankenschnitzel,
Macht sich beim Mahl solid und nett
Ein Schnitzel oder Kalbscotelette.

Panirte Cotelettes und Schnitzel.

Dieselben werden — wenn vorbereitet und gesalzen — in zerklopftem Ei und Semmelbröseln (Reibbrod) gewendet und in reichlicher, zur Hälfte mit gutem Fett versetzter Butter auf beiden Seiten schön goldbraun gebacken. Zeit: 8 Minuten.

Schweins- und Hammel-Cotelettes.

*Was man sonst ungerechter Weise
Im Leben läßt ein Schimpfwort sein,
Das macht vorzüglich sich als Speise:
Sowohl der Hammel wie das Schwein!*

Auch diese Cotelettes werden — wenn vorbereitet, gesalzen und gepfeffert — in siedende Butter gelegt und bei fleißigem Wenden und Begießen circa 8 Minuten lang auf raschem Feuer gebraten.* Beilage grüne Erbsen oder Bohnen.

Wurzelfleisch.
(Erprobtes Katerfrühstück.)

Wie der Mensch im Walde leicht über Wurzeln stolpert und sich darein verwickelt, so fängt sich auch der Kater, dieses bei Junggesellen heerdenweise auftretende Raubthier, gerne in den Wurzeln gegenwärtigen Gerichtes und kommt darin unter ersterbendem Miauen endgiltig zu Fall. Man nehme schöne kleine Portionsstücke von Kalb-, Schwein- oder Hammelfleisch (Coteletestück, Hals, Grat oder Bug) und bedecke sie mit einem Sud von zwei Theilen Fleischbrühe (auch Sekundenbouillon) und einem Theile guten Weinessigs. Dazu kommen reichliche feine Zwiebelscheiben, in feine Streifen — wie Julienne — geschnittenes Wurzelwerk als Sellerie, Petersilie, Lauch und gelbe Rüben (in Ermanglung von frischem Wurzelwerk getrocknete Julienne), ein Lorbeerblatt (wenn thunlich,

---

* Zu beachten ist, daß für ein Bratstück — welcher Art es sei — stets abgelagertes, mindestens 2—3 Tage vorher geschlachtetes Fleisch verwendet werden muß; denn frisches Fleisch schrumpft zusammen und wird trocken und hart. Die Verf.

aus eigenen Lorbeerkränzen), einige Pfefferkörner, etwas
Citronenschale und eine Prise Salz.

Zu guter Hitze gebracht, lasse man das Ganze eine Viertel=
stunde langsam, aber beständig kochen, überzeuge sich an einem
Fleischstück durch Abschneiden eines kleinen Bissens, ob es genügend weich sei, kräftige dann den Sud noch mit etwas
Suppenwürze oder Worcestershiresauce und tische das Fleisch
sammt dem Wurzelwerk und der sehr kräftigen Brühe auf.

Saures Kalbshirn. — Blaumontagsplatte.

Wenn einem Menschen „das Hirn sauer geworden", wenn
er einen Ast zu viel hat, „spinnt", oder eine Schraube bei ihm
los ist, das ist ja recht fatal — für ein Kalbshirn dagegen
ist es der beste Gedanke, sauer zu werden, was man ihm dadurch ermöglichen kann, daß man es erst in kaltes, dann in
laues Wasser bringt, vom Blut und von den feinen Aederchen
befreit, dann mit dem gleichen Sud, wie im vorigen Recept
geschildert, bedeckt, ebenso auch mit reichlichen Zwiebelscheiben.
Dann koche man es gut gesalzen und gepfeffert in der Brühe,
die man später mit etwas Fleischextract kräftigt, 8—10 Minuten
langsam durch und bringe es auch sammt Zwiebeln und Brühe
auf den Tisch.

Schweinsnieren

suche man nur von einem jungen Thiere zu bekommen, ziehe
ihnen das Häutchen ab — wozu man sich aber nicht dadurch,
daß man erst den Menschen die Haut abzieht, einüben soll —
schneide sie feinblättrig auf, lasse in einem Stückchen frischer

Butter etwas fein gehackte Zwiebel gut erhitzen und röste
darin die mit einer Prise Salz und weißem Pfeffer bestreuten
Nieren nur einige Minuten, sie dabei fleißig wendend. Dann
gebe man einen Kaffeelöffel voll Maggi's Suppenwürze und
etwas Citronensaft oder einige Tropfen guten Essig dazu und
schwenke sie nochmals gut durcheinander. Man genieße sie
sofort; bei der geringsten Verzögerung werden sie hart wie
das Herz einer Kokette und trocken wie der Schlund eines
Studenten in der Sahara.

Kalbsnieren

bereite man nach vorstehendem Recept — nur halte man hiebei
sich an's Kalb statt an's Schwein!

Hammelnieren

ebenso! An diese gehört ein kleines Theilchen Knoblauchzehe,
was übrigens nicht Jedem nach Geschmack ist.

Kalbsleber

wird feinblätterig aufgeschnitten und wie die Nieren zu=
bereitet.

Gebackene Kalbsleber.

Schöne, etwa zwei Messerrücken dicke Scheiben Leber werden
leicht übersalzen, mit einer Prise weißen Pfeffers und ganz

wenig Mehl bestäubt und in heißer Butter nur einige Minuten
gebraten.

Schweins-Herz, Ohr und Rüssel

schmeckt gut in leichtgesalzenem, schon leicht siedendem Wasser
8—10 Minuten abgekocht und nur mit deutschem Senf
gespeist. Ebenso sonstige kleine Portionsstücke von frisch-
geschlachtetem Schweinfleisch, die unter dem Namen „Kesselfleisch" sehr beliebt und in 10 Minuten fertig sind.

Schweinsherz

kann auch roh fein aufgeschnitten und wie Leber und Nieren
pikant in kurzer Sauce zubereitet werden.

Wer zart empfindet, fühlt wohl Schmerz,
Wenn er sich diese Speise kocht;
Denn ach, das arme Schweineherz
Hat liebend auch vielleicht gepocht!

Schweins- und Kalbszunge

sind ebenfalls beliebt, wenn man sie wie Kesselfleisch ab-
kocht, dann die Haut abzieht, leicht übersalzt und naturell
auftischt.

Kalbskopf nach Münchener Art.

Ein halber Kopf (ohne Haut) wird sammt den Knochen
in leicht gesalzenem Wasser gekocht, bis die Knochen, sammt

denen er aufgetischt wird, sich leicht ablösen lassen, was nach etwa einer halben Stunde der Fall ist. Man speist ihn ganz naturell, bedeckt ihn aber auch oft mit in heißer Butter goldbraun gerösteten Semmelbröseln.

Willst Du der Münchener Art getreu sein
Bei diesem Leibgericht durchaus,
So laß ein Mäßlein Bier dabei sein,
Wenn möglich, gar vom Hofbräuhaus!

Lammsleber.

Man kocht sie nur einige Minuten in leicht gesalzenem Wasser, läßt sie vielmehr nur ziehen, bis beim Anstechen kein Blut mehr ausfließt. Erkaltet wird sie dann fein aufgeschnitten, leicht mit Salz und weißem Pfeffer bestreut und schmeckt so außerordentlich fein und zart wie Gansleber. Als Zugabe eignet sich frische oder Sardellenbutter.

Papricirtes Lammfleisch.

Unter den Erdenkindern gibt es kapricirte Lämmchen — das vierfüßige Lämmlein macht sich aber papricirt besser, indem man die Hälfte oder nach Bedarf nur ein Viertel eines jungen Lammes in schöne kleine Portionsstücke getheilt, leicht übersalzen, mit kleinen rohen Kartoffeln (den ersten im Frühjahr, zur Zeit der jungen Lämmchen und Lenzgedichte) und feingeschnittenem Wurzelwerk nebst einem Stück Butter in ein gut verschließbares Gefäß (eventuell die „Büchelsteiner"-Maschine) einrichtet, mit ein Paar Messerspitzen echtem Paprika überstäubt und mit einigen Eßlöffeln voll zugegossener Bouillon eine gute Viertelstunde dämpft.

*

Als Dr. Müller eines Vormittags an der Wohnung des jungverheiratheten Professors Walter vorbei ging, sah er an einem offenen Parterrefenster die reizende Professorin, das Lockenköpfchen auf die kleine Hand gestützt, mit so bekümmerter Mienen in einem Fauteuil lehnen, daß er sich nicht begnügen konnte, mit einem höflichen Gruße vorüberzugehen, sondern eine theilnahmsvolle Frage anknüpfte, was denn die Rosenlaune der glücklichen jungen Frau gekränkt habe.

„Ach," seufzte sie erröthend, „ich bin in einer entsetzlichen Lage: Mein Mann möchte heute Mittag durchaus Irish-stew essen; nun hab' ich aber keine Ahnung davon, und meine Köchin, die noch nicht lange in der Stadt ist, erst recht nicht —"

„O," lächelte der Doktor etwas boshaft, „wenn es sonst nichts ist, gnädige Frau, so bittet dero ergebenster Diener blos, ihm für ein Stündchen Zutritt auf den geweihten Boden Ihrer Küche zu gestatten. Ein armer Teufel von einem Junggesellen lernt sogar vor Verzweiflung Irish-stew kochen!"

Eine Minute später stand der Arzt in der Küche und hantirte dort mit einer solchen Fertigkeit, daß die junge Frau bewundernd zusah und ihre Köchin vollends Mund und Augen aufriß. „Sehen Sie," sagte er dazwischen hinein, „mein Recept für

Irish-stew oder Irisches Hammelfleisch

ist folgendes: Stückchen von Hammelsschulter werden in einem mit Butter ausgestrichenen Gefäß* mit rohen Kartoffelschnitzen,

---

* Büchelsteiner-Maschine oder Beefsteak-Maschinchen. D. Verf.

Wurzelwerk und einigen Wirsingherzchen, dem nöthigen Salz, weißem Pfeffer und etwas zugegossener Bouillon 30—40 Minuten lang gedämpft und der Saft noch mit etwas Fleisch=extract gekräftigt. Kolossal einfach, nicht wahr?"

„Wie soll ich Ihnen danken?" sagte die junge Frau etwas verlegen, als sie vor dem dampfenden Gerichte standen.

„O," entgegnete der boshafte Schelm, während die Köchin seinen Cylinder vom Corridor holte „Sie haben mir nichts zu danken! Waren S i e doch unbewußt m e i n e L e h r m e i st e r i n im Kochen! Betrachten Sie das als einen kleinen Gegen=dienst dafür, daß Sie mir seinerzeit einen — Korb g e g e b e n ha b e n !"

Und weg war er.

Geräuchertes und rohes Schweinefleisch

wird gerne in Sauerkraut gekocht. Letzteres setze man mit kaltem Wasser und einer ganzen Zwiebel zum Feuer, (salze es leicht, wenn es noch neu ist) und koche es mindestens eine Stunde. So lange wird ungefähr auch das Fleisch brauchen; andernfalls lege man dieses früher aus und erwärme es erst beim Gebrauch. Als Bindemittel mache man eine Schmelze (ganz helles Einbrenn) von etwas Schweineschmalz und Mehl an das Kraut.

Rübenkraut wird ebenso zubereitet.

Würstchen.

Den Magen stärkend, erzeugend den Durst Wirkt das Würstchen und auch die Wurst.

Sie vertritt mit Glück in der Gastronomie
Die edle Wissenschaft Philosophie.
Denn in allen Ländern des Erdenkreises
Gilt die Wurst als etwas besonders Weises.
Ihre Weltanschauung ist abgerundet,
Von allen Ecken und Kanten gesundet.
Wird sie selbst in mehreren Zipfeln genossen,
Ist jeder was Ganzes, in sich abgeschlossen
Und bleibt in den hitzigsten Daseinsfällen
Sich selber treu und seinen Gesellen.
Auch lebt die Wurst durchaus innerlich,
Verschließt ihren wahren Gehalt in sich
Und gibt erst, wenn ihr Lebenslauf aus,
Ihre wackern gesammelten Werke heraus.

Würstchen

aller Art lasse man in — bis zum Siedepunkt gebrachtem Wasser nicht kochen, sondern so lange ziehen, bis sie sich stramm anfühlen. Frankfurter Wurst braucht 8—10 Minuten, dünnere Brat-, Weiß- und Wiener-Würstchen die Hälfte an Kochzeit, dickere entsprechend länger.

V.
Wildpret.

Ein Märlein davon.

Es waren einmal sechs Junggesellen. Drei davon waren brav und drei bös. Und die drei Braven sprachen unter ein=

ander, sie wollten am nächsten Sonntag auf die Jagd gehen. Aber auch die drei Bösen, die davon gehört hatten, sprachen unter einander und beschlossen, gleichfalls auf die Jagd zu gehen und den drei braven Junggesellen Alles wegzuschießen. Und siehe da, als der Sonntag kam, trafen sich alle sechs Junggesellen im — Wildpretladen und kauften ihn vollkommen aus.

Moral:
Aus diesem Märlein geht hervor,
Daß, wer ein Junggeselle ist
— Ob brav, ob bös — am Sichersten
Sein Wild beim Wildprethändler schießt.

* * *

Natürlich hat für eine Miniaturküche die Zubereitung von Wildpret insofern Schwierigkeiten, als — wenn man nicht selbst Jäger ist — kleinere Portionenstücke aus einem Schlegel oder Rücken immerhin schwer erhältlich sind.

Ueber einen Hasen indessen kann man sich schon machen (nur nicht auf's Dach hinauf!), da der kalte übrig gebliebene Braten so gut wie frischer schmeckt. Mit dem Kochgeschirr, woran's wohl hie und da hapern wird, muß man sich eben zu helfen wissen. Uebrigens läßt sich ein junger Hase in fünfzehn Minuten leicht am Spieße braten; der Bratspieß muß freilich auch erst da sein. Aber man glaubt nicht, wie erfinderisch man gerade in der Kochkunst bei einiger Lust und Liebe zu ihr wird und mit welch' einfachen Mitteln man häufig die scheinbar größten Schwierigkeiten überwindet!

Der Hase

wird kunstgerecht ausgeweidet (Jäger verstehen's — Laien wollen sich's, da sie aus der bloßen Beschreibung doch kaum

Flug würden, zeigen lassen). Dann wird er enthäutet, Alles zum „Jung" („Hasenpfeffer") Gehörige weggehackt, Schlegel und Ziemer mit Salz und etwas Pfeffer bestreut, etwa mit dem Rest einer Flasche Rothwein gebeizt und mit etwas Butter — womöglich, auch saurem Rahm und Citronensaft — beträufelt, bei gutem Feuer am Spieß eine Viertelstunde oder in der Pfanne eine halbe Stunde gebraten.

Hasenpfeffer.

Alles dazu Gehörige (Schultern, Brüste, Kopf, Lunge und Leber) wird in hübsche, nicht zu kleine Stücke getheilt und in eine Marinade von Essig, einigen Pfefferkörnern und Wachholderbeeren 2c. 2c. gelegt. Darin wird es 15 Minuten lang mit etwa zwei Tassen zugegossener Sekundenbouillon gekocht, so viel als nöthig gesalzen und die Sauce mit einem Stück beurre manié (etwa eigroß Butter mit Mehl kalt vermischt) bündig gemacht. Man lasse nun das Ganze noch ein Weilchen auskochen, verdünne die Sauce allenfalls mit noch etwas Bouillon und kräftige sie mit Maggi's Fleischextract.

Ganze Kartoffel sind eine beliebte Beilage hiezu.

*

Die zartesten Bissen von Hirsch und Reh, deren Filet nämlich, geben gespickt, leicht mit Salz und Pfeffer bestreut, mit etwas Wein, Citronensaft und saurem Rahm beträufelt, wie der Hase gebraten, eine gar leckere Schüssel, die in einer Viertelstunde fertig gekocht sein kann.

Oder man durchschneide diese Filets quer in Scheiben, die man zu thalergroßen Steaks formt, jedes mit ein paar Speckstückchen durchzieht, leicht salzt und pfeffert und in heißer Butter schmort. Nach 2—3 Minuten wendet man sie, kräftigt den ihnen entquollenen eigenen Saft mit Maggi's Extract, einem Güßchen Madeira, sowie etwas Citronensaft, dämpft nach Belieben auch einige Champignons mit und setzt diese hochfeine Platte — „Wildfilets" genannt — seinem Gaste, der man auch selbst sein kann, vor. Zubereitungsdauer 5 bis 7 Minuten.

*

Manchmal will der Junggeselle auch mit einem „selbstgeschossenen"

Rebhuhn

imponiren. Er muß sich dann aber unvermeidlich der Mühe des Rupfens und Ausnehmens unterziehen. Von innen und außen hierauf mit einem reinen Tuche getrocknet und leicht gesalzen, wird das Feldhuhn auf Brust und Rücken in Speck eingebunden, mit etwas Wein, eventuell auch mit einigen Tropfen Estragonessig beträufelt und in Butter mit etwas Wurzelwerk gebraten. Nach 15 Minuten — ich setze voraus, daß es ein junges Huhn mit hellen Schuhen ist — wird die Sauce entfettet, etwa noch etwas Wein und Citronensaft daran gegeben und das Ganze servirt.

Sauerkraut — dessen Zubereitung beim geräucherten Schweinefleisch geschildert wurde — ist eine beliebte Beilage.

Haselhühner, Birkhühner, Schneehühner, auch junge Fasanen

sind auf gleiche Weise zu behandeln.

Aeltere Thiere müssen unfehlbar in eine Beize, namentlich — wie Nimroden allmänniglich bekannt — ein im Lebensalter vorgeschrittener Auerhahn. Da dies indessen für die

4

Junggesellenküche zu umständlich ist, verweise ich für Den, der's trotzdem wagen möchte, auf ausführlichere Werke.

Immerhin aber kann es vorkommen, daß der Junggeselle einmal recht dick thun und wenigstens eine

Schnepfe

riskiren möchte. Ein bewährtes Recept hiefür ist das folgende: Einige Tage vorher geschossen und an einen kühlen Ort gehängt, wird die Schnepfe sammt dem Kopfe gerupft, abgesengt und ausgenommen; die Augen werden ausgestochen und die Füßchen einwärts gebogen, so daß die Klauen aufrecht stehen. Der Schnabel wird sodann durch die beiden Schlegel gesteckt, daß die Brust schön vortritt. Nun wird der Körper mit Salz und weißem Pfeffer eingerieben, in Speckscheiben gebunden, wie das Rebhuhn zum Braten eingerichtet und saftig fertig gebraten.

Die Hauptdelikatesse, der Schnepfenkoth („Schnepfendreck") wird, wie folgt, bereitet: Die Eingeweide ohne den Magen werden fein gewiegt mit etwas Zwiebel, Petersilie und Speck, dann in kleinem Pfännchen zum Feuer gesetzt und in einem Stückchen frischer Butter — etwa einem Zehntelpfund — einige Minuten geröstet. Dazu gieße man ein Gläschen guten Rothwein, schlage — wenn das Ganze vom Feuer gezogen — ein Ei daran, gebe etwas geriebenes Weißbrod, Salz, Pfeffer und Citronensaft dazu, verrühre Alles und streiche es in Messerrückendicke auf in Butter angeröstete Semmelschnitten, die nun wieder 5 Minuten im Ofen geröstet und dann um die Schnepfe garnirt werden.

Das Recept ist etwas umständlich, aber ich kann nicht helfen!
D'rum prüfe, eh' Du Dich d'ran wagst,
Ob Du zu leisten dies vermagst,
Und nimm, geht's nicht, in Gottes Namen
Ein — Weiblein Dir; das bringt's zusammen!

Krammetsvögel.

Gerupft, gewaschen, nicht ausgenommen — nur der Magen wird vor dem Braten oder Essen durch einen Seitenschnitt herausgenommen — die Kopfhaut abgezogen, die Augen ausgestochen, Schlund und Gurgel mit dem unteren Theil des Schnabels entfernt, die Füßchen nach innen gebogen und eines durch die Augenhöhlen gesteckt, auch das linke um das rechte geschlungen, dann das Körperchen gesalzen und gepfeffert, mit dünnen Speckscheiben überbunden, in heißer Butter mit etwas zugegossenem Rothwein, Wachholderbeeren und Citronensaft erst zugedeckt 10 Minuten gedünstet, dann weitere 5—8 Minuten schön angebraten und die vorher abgegossene, mit Maggi's Extract gekräftigte Sauce beim Anrichten darunter gegossen.

VI.
Zahmes Geflügel

jedweder Art eignet sich fast gar nicht für die Junggesellenküche. Denn wenn sich der stolze Junggeselle auch im Leben über manch' hübsches Gänschen, das einem Anderen rasch den Kopf verrückt und ihn zum Standesamte führt, erhaben weiß, in der Küche ist das doch etwas ganz Anderes: Rupfen, Flammiren, Dressiren erfordern Zeit und Geduld; übrigens erhält man ein junges Brathühnchen auch gerade auf dem Lande vorzüglich zubereitet. Wer's trotzdem probiren will, richte sich nach dieser einfachsten Art: Das vorbereitete Hühnchen von außen und innen leicht gesalzen — nur innen auch etwas gepfeffert — ein Stückchen Butter, etwas frische Petersilie in den Leib gesteckt und das Thierlein dann am Spieß oder im Ofen schön goldbraun unter fleißigem Bestreichen, beziehungsweise Beträufeln, mit Butter 15 Minuten gebraten.

Zwiebel, Paradiesäpfel und Bohnenkraut — wie derlei vielfach, sogar von Kochbüchern als Zuthaten zu Geflügel empfohlen werden — nehmen jeglichem Geflügel seinen ureigenen feinen Geschmack und gehören lediglich als Dekoration um die Ahnentafeln der alten Köchinnen.

Auch ein Täubchen ist etwas zu umständlich für unsere Zwecke. Ebenso brauchen Enten, Gänse und gar alte Hühner viel Zeit, bis sie auf des ungeduldigen Junggesellen Tisch fehlerlos erscheinen können, weßhalb er sich derlei am Besten — von Anderen kochen läßt.

VII.

Fische.

Der Fische gibt es mancherlei —
Den Karpfen, Backfisch und den Hai
In Fluß, Meer, See und Institut,
Wie's Jedem eben wohler thut.
Gar mancher Fisch dient uns als Nahrung,
Als Medicin gar oft der Harung,
Den man gebildet Häring heißt
Und gern auch als Salat verspeist.
Für Junggesellen höchst gefährlich

Und trotzdem zugleich sehr begehrlich
Und vielumworben, wie Ihr wißt,
Ein hübscher, junger — Goldfisch ist!

*

Zur Bereitung von Fischen sind dreierlei Arten zu rathen. Entweder kocht man den Fisch nur in Salzwasser oder in einem Sud von zwei Theilen Wasser, einem Theil Essig, Salz, einigen Pfefferkörnern, einem Lorbeerblatt, einer in Rädchen geschnittenen gelben Rübe und reichlichen Zwiebelscheiben ab, oder man schneidet ihn, z. B. einen Hecht, Barben, Felchen, wenn gereinigt, beide Rückseiten entlang leicht und fein ein, salzt ihn dann und läßt ihn ein Weilchen liegen und wendet ihn nunmehr in Mehl und brät ihn in wenig heißer Butter oder auf heißem Roste auf beiden Seiten schön goldbraun.

Auch unter freiem Himmel nur an einem kleinen Holzfeuer ohne alle weiteren Zuthaten als Salz kann man prächtig Fische braten. Sie werden zu diesem Zwecke, wenn gereinigt, eingeschnitten, und eingesalzen, im Rachen an einem Stöckchen aufgespießt, dieses unmittelbar am Feuer in die Erde gesteckt und fleißig gedreht, damit der Fisch von allen Seiten schön goldbraun und knusperig werde. In wenigen Minuten ist der Fisch fertig und schmeckt vorzüglich.

Vorstudien hiezu kann Jedermann in München beim Oktoberfest bei den zahlreichen Fischbratereien machen und gleichzeitig die Güte eines frischfertigen „Steckerlfisches", wie der Münchner sagt, erproben.

Seezungen

schmecken ebenfalls gebraten gut. Die graue Haut in einem Stücke abgezogen — man macht hiezu am Schwanze einen Querschnitt — die weiße Seite geschuppt, Seitenflossen und

Schwanz zugestutzt, den Kopf schräg abgeschnitten, die Eingeweide ausgenommen; dann wird der Fisch gut gewaschen und hierauf eingesalzen, nunmehr aber leicht in Mehl gewendet, in heißer Butter oder auf dem Rost gebraten und eventuell mit Citronensaft beträufelt.

Forellen

werden, wenn sorgfältig gereinigt, in Essig-Sud abgekocht, d. h. in dem vom Feuer genommenen Sud nur ziehen gelassen. Wenn die Augen vorquellen, sind sie fertig, was schon nach wenigen Minuten der Fall ist. Gut ist es, ihnen vorher das Rückgrat leicht einzudrücken, damit sie den Kopf nicht emporstrecken; denn Hochmuth ziemt Niemandem — nicht mal der Forelle, selbst wenn ihre rothen Punkte echt sind. Man gibt gerne zerlassene Butter dazu.

Stockfisch

ist eine Beleidigung, wird aber auch in Salzwasser gekocht, bis er sich blättert, dann mit Butter und Zwiebeln abgeschmälzt; Sauerkraut ist eine beliebte Beilage.*

Lachs

wird meist nur in Salzwasser, aber auch häufig in Essig-Sud zubereitet. Man theilt ihn in etwa zweifingerdicke Portionenstücke und läßt ihn ungefähr 8 Minuten ziehen.

* Keinen Fisch darf man wallend kochen, sondern nur ziehen lassen; man stellt das Fischgefäß deßhalb auf die Seite des Herdes oder reducirt die Hitze des Kochapparates. Die Verf.

Aal

wird — wenn ausgenommen und gründlich gereinigt (die Haut mit Salz abgeschleimt) — vielmals gewaschen, eingesalzen, in fingerlange Stückchen geteilt und mit Salbeiblättern umbunden in Butter gebraten.

*

Die zwei Arten Fischsud und die sehr einfache Bratart können bei allen Fluß- und Seefischen zur Anwendung kommen. Das Paniren und Backen in schwimmendem Schmalz ist für die Junggesellenküche zu umständlich.

Wer Zeit hat und die Mühe nicht scheut, bereite sich zu jeder Fischart Salzkartoffel (Kartoffelschnitze in Salzwasser abgekocht).

Statt Butter kann beim Braten auch gutes Speiseöl verwendet werden.

VIII.

Krebse

werden oftmals gewaschen und in siedendem Salzwasser 8 bis 10 Minuten gekocht. Man gibt daran gerne ein kleines Stückchen Butter, etwas Kümmel, eine Zwiebel und Petersilie, läßt die Krebse bis unmittelbar vor dem Gebrauch in der Brühe und speist sie mit frischer Butter.

  Es haben Zeitlebens die Krebse,
  Wie klein einer immer sei,
  Doch der Couponscheeren zwei —
  Auch Du erstreb'se!

Frische Hummern

werden in gleichem Sud wie die Krebse je nach ihrer Größe 15—30 Minuten abgekocht und dann mit einem Stückchen Speck oder Butter abgerieben, damit sie schön glänzend roth erscheinen. Zum kalten Hummer gibt man eine Remouladensauce; siehe Inhaltsverzeichniß!

Seemuscheln

werden äußerst sauber in häufig erneutem Wasser gebürstet und abgeschwenkt (die bereits geöffneten aber nicht verwendet). Nun gibt man sie nur mit dem Wasser, das ihnen vom Waschen anhaftet, und nur ganz wenig Salz, aber reichlichem gestoßenem Pfeffer, einem Stückchen Butter, einer ganzen Zwiebel und eventuell etwas Weißwein, (wenn letzterer zugegeben wird, kann das Salz ganz weggelassen werden, da die Muscheln selbst welches besitzen) in einem gut verschlossenen Gefäß solange zum Feuer, bis alle geöffnet sind.

Das Muschelwasser kann etwas mit Maggi's Extract gekräftigt werden.

Beim Verspeisen gibt man, wenn die Muschel mit der Gabel oder einem Messerchen losgelöst ist, mit dem andern Theil der Muschel etwas Brühe darauf.

Eine passende Beigabe ist frische Butter oder eine Sauce aus zerlassener Butter mit Essig, Citronensaft, Pfeffer, Salz, feingewiegter Petersilie sowie etwas Muschelbrühe, die man aufkocht und mit Fleischextract noch extra kräftigt.

Schnecken.

Siehe Schneckensalat!

Austern,

das Leibgericht der Feinschmecker, die englischen sind die vorzüglichsten. Alle Austern-Liebhaber wissen, daß hier die Güte von der Frische abhängt. Die Schale muß fest geschlossen sein. Beim Oeffnen mittels eines stumpfen Messers schützt man die Hand, welche die Muschel hält, mit einem Tuche und beachtet, daß das in den Muscheln befindliche Seewasser nicht ausläuft. Sollten einige zu trocknen sein, so vertheilt man es unter einander, hilft wohl auch mit ein Bischen Salzwasser nach und präsentirt die Austern in der tieferen Schale mit Citronenschnitzen.

Caviar.

Der russische ist der feinste, aber auch kostspieligste; er sieht grau und grobkörnig aus. Elbkaviar ist kleinkörnig und nahezu schwarz.

IX.
Häringe.

Häring, Du freundlicher,
Schlichter, unscheinlicher,

Heerdenweis schwimmender,
Herzenfroh stimmender,
Kleiner, geschmeidiger
Magenvertheidiger!
Der Du den bänglichen
Menschen mit länglichen
Katerngesichtern oft
Trost bringst ganz unverhofft,
Der Du von Land zu Land
Keinem bist unbekannt!
Tausendfach brauchbarer,
Nur noch nicht rauchbarer,
Stets in sich mehrender
Art zu verzehrender,
Haarweh bezwingender,
Neuen Durst bringender,
Seelisch empfindender,
Niemals verschwindender,
Fröhlicher, friedlicher,
Billiger, niedlicher
Junggesellenfreund!

Die neuen zarten Salzhäringe werden nicht abgehäutet, nur gewaschen und ausgenommen. Man speist sie mit frischer Tafelbutter und Schalkartoffeln.

Brathäringe.

(Katzenjammerplatte.)

Wer den Duft nicht scheut, der etwas über jenen der Rosen hinausgeht, der brate die vorher gewaschenen und ausgenommenen Häringe in einem Stückchen frischer Butter rechts und links je 2 Minuten in der Pfanne oder auf heißem Rost. Im ersterem Falle empfiehlt es sich, neben dem Häring ein paar Spiegeleier einzuschlagen und ihn damit zu garnieren. Das berühmte Magenpflaster gewinnt dadurch an Kraft.

Häringe zu mariniren.

Erste Art. Die Häringe werden über Nacht gewässert, dann ausgenommen, ältere geschuppt und enthäutet — dann ausgewaschen und etwas zugestutzt. Hierauf legt man sie nebst den Milchnern und Rognern in eine passende Terrine, bedeckt sie mit reichlichen Citronen- und Zwiebelscheiben, einigen Lorbeerblättern und Pfefferkörnern und gießt guten Essig darüber. Vor ihrer Verwendung läßt man sie mindestens einen Tag in der Marinade.

Zweite Art. Nachdem die gewässerten und vorbereiteten Häringe in ein passendes Gefäß eingerichtet sind, werden die Milchner mit Zwiebeln und Capern fein gewiegt, zwei frische Eigelb mit etwas gutem Senf und etwas Paprika dicklich gerührt und damit die gewiegten Milchner nebst gutem Essig zu einer leichtgebundenen Sauce abgerührt, die über die Häringe gegossen wird. Statt Eigelb kann nach Thüringer Art frischer, saurer Rahm verwendet und können die Häringe mit schönen Salzgurkenscheiben dicht belegt werden.

Häringsbutter.

Ein entgräteter, nicht gewässerter, nur gewaschener Häring wird nebst dem Milchner möglichst fein zerkleinert und mit ebenso viel frischer Butter, als das Häringfleisch ungefähr ausmacht, nebst etwas weißem Pfeffer oder Paprika tüchtig verrührt. Das umständliche Durchtreiben durch ein Siebchen kann unterbleiben.

Häringsbutter ist in einem Töpfchen mit Kochsalz bestreut und mit Wachspapier bedeckt an kühler Stelle lang aufzubewahren.

Sardellenbutter.

Ganz wie Häringsbutter zuzubereiten!

Mögen an dieser Stelle zwei andere „Butter"-Arten gleich mit Platz finden:

Käsebutter.

Trocken gewordener Schweizerkäse wird erwärmt oder gerieben mit dem gleichen Quantum frischer Butter und etwas Cayennepfeffer gut verbunden und auf Brödchen gestrichen. Pikant schmeckt etwas mit verrührter französischer Senf dazu.

Senfbutter.

Ein Fünftelpfund frische Tafelbutter mit anderthalb Eßlöffeln französischem Senf und einer Messerspitze Cayennepfeffer verrührt.

X.
Einige leicht herzustellende Saucen.

Die Sauce ist keine Neben·, sondern eine Hauptsache. Daß sie Wunder thut, ist längst bewiesen; denn gar manche Katze ist, kaum daß die richtige Sauce daran kam, ein — Hase gewesen.

Mayonnaise auf einfachste Art.

Man nehme zwei rohe Eigelb, etwas Salz und weißen Pfeffer und rühre dies mit etwa vier Eßlöffelvoll von bestem Olivenöl, das erst nur in Tropfen, dann in kleinen Güssen zugesetzt wird, mit einer Schneeruthe in einem kalten Näpfchen womöglich auf dem Eise glatt und bündig. Dazwischen hinein wird auch gützchenweise guter Esdragonessig — etwa zwei Eßlöffel voll — zugegeben.

Diese Mayonnaise ist als Beigabe zu kaltem Braten oder zu Hummermayonnaise zu verwenden.

Hummermayonnaise

wird, wie folgt, schnell hergestellt: Auf einem kalten Plättchen werden über einigen mit Essig und Oel frisch angemachten Salatblättern (im Winter Endivien, im Sommer Kopfsalatherzchen oder was eben für eine Art zur Verfügung ist) schöne Stückchen Büchsenhummer erhaben aufgerichtet. Der kleine Berg wird mit Mayonnaise dicht überstrichen und, wenn man Staat damit machen will, mit Capern, Sardellen, hartgekochten

Eiern und dazwischen gruppirten Salatherzchen, Hummerstückchen, auch Caviar garnirt.

Caviarsauce.

Drei Eßlöffel Olivenöl, zwei Eßlöffel Eßdragonessig, feingeschnittener Schnittlauch und Zwiebel werden mit einem Eßlöffel Caviar verrührt.
Diese Sauce paßt zu Hummer oder feinem Fisch.

Sauce remoulade — tartare.

Petersilie, Zwiebel, Schnittlauch, Poree, wenn möglich auch ein wenig Esdragonkräuter, deßgleichen etwas Sardellen werden feingewiegt, mit drei Eßlöffeln voll Mayonnaise gemischt, dann zwei Eßlöffel französischer Senf, ferner zwei bis drei harte Eidotter dazu gerührt.

Empfehlenswerth zu kaltem Fleisch, Hummer, harten Eiern, gebratenen Fischen 2c. 2c.

In Ermanglung von Sardellen und, wenn es mit der Herstellung sehr eilt, — kann sowohl zu Sardellenbutter wie statt der Sardellen für Remouladensauce Sardellenessenz verwendet werden.

Speckfauce

zu Kraut- oder Hopfensalat. Halbausgebratene Speckwürfel läßt man leicht mit wenig Mehl und kleingehackten Zwiebeln anrösten, rührt dies mit Sekundenbouillon, Essig, Salz und

Pfeffer zu einer leicht gebundenen Sauce, kocht es auf, kräftigt es mit Maggi's Extract und übergießt damit den vorbereiteten Salat.

Statt Mehl kann ein Eigelb als Bindemittel — nach dem Aufkochen, damit es nicht gerinne — verwendet werden. Diese Salatsauce empfiehlt sich namentlich in Ermanglung vom gutem Oel auf dem Lande.

Warme Saucen

sind für die Miniaturküche, ihre Einrichtung und Vorräthe weit schwieriger. Wer aber dennoch kochen will, bereite sich die einfachsten Arten aus gebräuntem Mehl-Einbrenn oder einer Suppentafel als Bindemittel, mit Sekundenbouillon glatt gerührt, mit Salz, Pfeffer und Essig abgeschmeckt, dann aufgekocht mit einer Zuthat von Rahm, Madeira, Champignons, Trüffeln, gewiegten Sardellen, Oliven, zerkleinerten Pfeffergurken, mit gerösteten Zwiebeln rc. rc. und Fleischextract gewürzt. Man gewinnt so Rahm-, Madeira-, Champignons-, Trüffel-, Sardellen-, Gurken- oder Zwiebelsauce.

Ein Vorgeschmack von Cayennepfeffer gibt sauce diable — Teufelsauce — für den Junggesellen besonders geeignet, weil er ja selbst auch ein Teufelskerl ist!

XI.

Zwei flotte Studenten — Curt Müller und Edwin Herbst — waren eben in der „Bude" des Ersteren eingetreten, als die Hauswirthin ein Telegramm brachte.

„Kuckuck noch einmal!" stammelte Curt. „Vom Onkel!" „Aber, freund", rief Edwin lachend „Du machst ja ein Gesicht, als hättest Du einen ganzen Holzbirnbaum verschluckt — wenn der Moosonkel kommt, ist das doch keine Hiobspost, sondern so gut wie ein Wechsel — zahlbar auf Sicht — er kam, sah Dich und Du pumptest!"

„Ach!" seufzte Curt. „Du kennst ihn nicht! Er liebt 's, Einem so plötzlich Abends in's Haus zu fallen, und will dann bewirthet sein! Er legt Gewicht darauf — ich weiß es! Letztes Mal hatte ich gerade Moneten — im Nu standen ein paar hübsche Platten da, die er mir hinterher zwanzigfach wieder bezahlt hat vor Entzücken! Aber das Zeug ist scheußlich theuer und ich bin fast total abgebrannt, obwohl er mir erst letzte Woche hundert Mark gesendet hat! Du weißt ja, ich hatte Schulden —"

Sein Freund krauete sich hinter den Ohren und überlegte.

„O!" rief er plötzlich. „Noch ist die Festung nicht verloren! Weißt Du was: Wir machen die Platte selber —"

„Wir — die Platte selber —" wiederholte Curt, ohne ihn zu verstehen. „Aber wir haben ja nichts —"

„freund!" sagte Herbst pathetisch. „Du kennst mich noch nicht! Ich sage Dir nur zwei Worte: Pikante Bröderl"

„Pikante Bröder?" wiederholte Curt.

Edwin nickte. „Darin bin ich groß, sage ich Dir!" setzte er hinzu. „Ich zaubere Dinge aus dem Boden hervor, daß Du staunen sollst! Nun aber nur mal erst Caffasturz!"

Beide Freunde schüttelten ihre Baarschaften zusammen, die allerdings mehr aus Nickel, denn aus Silber bestanden und Vertreter der Goldwährung überhaupt nicht aufwiesen.

„Reicht vollkommen!" sagte Edwin auf Curt's zweifelnden Blick, verschwand in Eile und kam bald mit einer Anzahl Päckchen und einem beträchtlichen Semmelvorrath, auch einigen Flaschen Bier wieder.

„Nun achte wohl, mein Sohn, lerne und staune!" sagte er. Und in der That, als der pikante Brödchenberg vor Curt aufgebaut stand, rief dieser jubelnd: „Das sieht ja famos — delikat — um's Sechsfache theurer aus — da fällt er mit beiden Kaubacken darauf 'rein — Bruder, das trägt Wucherzinsen!"

Und trug sie auch! —

Hier einige Recepte, die dazu verhalfen.

Feine Leberwurst,

am Besten getrüffelte Gansleberwurst, ausgestreift, erwärmt und mit etwas Fleischextract, eventuell ein paar Eidottern verrührt, dann auf kleine Butterbrödchen gestrichen.

Bratenreste

jeder Art — auch von Wild und Geflügel — feingewiegt, in Butter gedämpft, mit Maggi's Fleischextract durchzogen, heiß auf — in Butter geröstete — kleine Weißbrodschnitten (etwa dreimesserrückendick von einer Kaisersemmel oder einem Tafelbrödchen abgeschnitten) aufgestrichen.

Domherrnschnittchen.

Dünne Pumpernickelschnitten, in heiße Butter getaucht und mit — in Salzwasser abgekochtem — enthäutetem Hirn vom Kalb oder Geflügel, mit Maggi's Extract durchzogen, bestrichen.

Königsbrödchen.

Ganz kleine dünne Schnittchen von frischem Weiß- oder Schwarzbrod, mit heißem, eben aus den gekochten Knochen genommenem Rindermark dicht bestrichen und leicht übersalzen.

Käseschnitten (Krusten)

nach Graf A.: Schweizerkäse gerieben oder stückchenweise im Ofen erwärmt, bis er nahezu zergeht, auf geröstete Weißbrodschnitten dick aufgestrichen und warm gespeist.

Lordbrödchen.

Chester- oder Emmenthaler-Käse erwärmt und mit frischer Butter weich gerührt, dazu etwas französischen Senf, Eigelb, Maggi's Extract und Paprika gemischt, auf warme, geröstete Brödchen aufgestrichen und mit geriebenem Käse überstreut.

Beide letztbeschriebene Arten von Käsebrödchen sollen — wenn die Masse auf die heißen Brödchen gestrichen ist — ein Weilchen in heißem Ofen gebacken werden, was Junggesellen nur, wenn ihnen eine heiße Bratröhre zur Verfügung steht, ermöglichen können — eine Gasröhre ist hiezu nicht verwendbar.

Kalte Appetitbrödchen.

Manchmal nur in Mundbissenform — je abwechslungsreicher, desto eleganter und pikanter wirkt die Platte — können aus allem verfügbaren Material schnell hergestellt werden. Die kleinen Brödchen werden mit frischer Butter bestrichen, dann mit allerlei Braten-, geräucherten Fisch-, Wurst- und Käsearten belegt, dazwischen mit Sardellen- oder brauner Anchovis-, Käse- oder Senfbutter bestrichene, mit harten Eiern, Caviar, Sardellen oder Schinken belegte Brödchen gereiht. Auch Zunge, Gänsebrust, Westphäler Schinken und italienischer Salat, kurz Alles, was man eben zu Gebote hat, läßt sich vortheilhaft verwenden.

Hübsch über einander aufgebaut, geben diese Potpourri's, wenn man ein Glas Sherry oder Portwein dazu reicht, eine sehr beliebte Frühstücksplatte oder einen willkommenen Imbiß bei kleinen Abendgesellschaften — auch in vorgerückter Stunde zu einem Glase Grogg oder Punsch eine erfreuliche Magenstärkung.

Pasteten

diverser Art wie
Beefsteak-
Hasen-
Hühner-
Krammetsvögel-
Rebhuhn-
Gänseleber-
Sardellen-
Zungen-

} Pasteten in Dosen

u. a. zeichnen sich durch Feinheit des Geschmackes und große Haltbarkeit aus und können ebenfalls kalt auf Brödchen gestrichen werden. Erhältlich in den besseren Delikatessenhandlungen.

XII.

„He he!" sagte Lieutenant von Salm, als er Abends in den Club trat. „Kleiner Schwerenöther dieser Doktor Heinz! Gerirt sich als Weiberfeind strengster Observanz und ist dabei gletscherhaft verliebt — bis über beide Augenbrauen — schauderbar!"

„Nee?" — „Nicht die Möglichkeit?" — „Aber so was!" rief es durcheinander, während der Doktor von Einem zum Andern sah und mit seinen wasserblauen Augen die reinste Unschuld heuchelte.

„Wie, Sie verstockter Sündenonkel!" sagte der Lieutenant gereizt. „Habe ich Sie nicht draußen — äh — bei Dingsda in einer Wiese stehen sehen!"

„Können Sie haben!" entgegnete Heinz lakonisch.

„Haben Sie sich nicht fortwährend gebückt und gerupft wie ein wüthender Botaniker?"

„Mag sein!" erwiderte Heinz.

„Ah!" grollten die Anderen. „Und er leugnet noch!"

„Orakelblumen!" rief der Lieutenant. „Nichts als Orakelblumen natürlich! »Sie liebt mich! Sie liebt mich nicht!« Selber früher als Fähnrich solchen süßen Blödsinn verübt! Aber längst d'rüber weg — äh, längst! Am Ende gar Veilchen, Nelken und ähnliches Zeug zu Strauß gebunden und Verse dazu gesammelt — he was?"

„Nein!" entgegnete der Doktor und sah im Kreise umher, „Salat!"

„Was? Salat?" riefen alle.

„Gewiß!" fuhr er lachend über die Verblüfften fort. „Als echter Junggeselle pflücke ich mir hin und wieder 'mal selbst draußen meinen grünen Salat — was brillant schmeckt!"

Und er hielt den Lauschenden eine kleine Vorlesung, aus der wir folgendes entnehmen.

Salate.

Frischer grüner Salat

wie

Kopf-
Feld-
Lattich- } Salat,
Endivien-
Brüsseler-

Kresse, Cichorie 2c. 2c. wird verlesen — d. h. von allen faulen Blättern 2c. befreit — in kaltem Wasser gewaschen, dann auf einem Sieb oder einer Serviette gut abgetropft, hierauf einfach mit Essig, Oel, Salz und etwas weißem Pfeffer, auch feingehackten Zwiebeln angemacht. Der Essig soll niemals vorherrschen und nicht das Oel überwiegend angewendet werden.

Als eine Platte für sich, garnirt man grüne Salatarten mit hartgekochten Eiern, nicht Sündern.

Gerne werden vorstehende Salate mit

Kartoffelsalat

gemischt. Dieser wird aus frisch abgekochten und geschälten, in feine Scheibchen geschnittenen Kartoffeln bereitet, mit guter, etwas fetter Fleischbrühe angefeuchtet, dann mit den vorhin angegebenen Salatingredienzien, nämlich Oel, Essig, Salz, Pfeffer und Zwiebeln gemischt.

Schon Friedrich von Schiller, dem Dichterfürsten,
Schmeckte Kartoffelsalat mit Würsten,
Weßhalb ein jedes deutsche Gemüth
Für Kartoffelsalat noch glüht!

Häringsſalat.

Hiezu werden die noch warmen Kartoffel in kleine Würfel geſchnitten, wie vorſtehender Kartoffelſalat angemacht und dann mit dem gleichfalls würfelig geſchnittenen Fleiſch eines ſauber entgräteten Härings gemengt.

Spargelſalat.

Friſch geſtochener Spargel wird erſt reingeputzt — d. h. ſeine Stengel durch leichtes Schaben von oben nach unten von allem Holzigen befreit — dann in kaltem Waſſer gewaſchen, in Büſchelchen gebunden und circa 10 Minuten in leicht geſalzenem Waſſer abgekocht.

Man gebe Acht, daß die Köpfchen nicht durch zu ſtarkes Kochen oder unvorſichtiges Ausnehmen leiden. Denn ein kopfloſer Menſch kann's noch zu was bringen — ein Spargel ohne Kopf iſt aber dahin.

Die Spargel werden dann ſo auf eine Platte gelegt, daß die Stengel gleichmäßig etwas über den Rand ragen, hierauf begießt man den Salat mit Oel und Eſſig, dem man kleingehackte Capern und Zwiebel beigemiſcht hat.

Hopfenſalat.

Die zarten Sproſſen werden wie Spargel gereinigt, einige Minuten in leichtgeſalzenem Waſſer gekocht, kalt abgeſchwenkt und abgeſeiht und dann mit den üblichen Salatzuthaten angemacht.

Bohnensalat.

Frische grüne oder Wachs-Bohnen werden erst von den Fäden befreit, dann länglich geschnitten, in leicht gesalzenem Wasser 6—8 Minuten gekocht, dann abgeseiht, kalt abgeschwenkt und wie die anderen Salate zubereitet.

Salat von Kernbohnen.

Hiezu koche man die Bohnen so weich, daß sie aufquellen und springen, überspüle sie dann mit kaltem Wasser und mache sie wie die übrigen Salate an.

Frischer Gurkensalat.

Die Gurken werden geschält, fein aufgeblättert gesalzen und sofort, ohne sie erst Wasser ziehen zu lassen und ohne sie auszudrücken, mit Essig und vorwiegend Oel angemacht. Obenauf streue man etwas weißen oder Cayenne-Pfeffer.

Auf französische Art wird zu frischem Gurkensalat saurer Rahm verwendet.

Längere Zeit eingesalzener, ausgedrückter Gurkensalat ist schwer verdaulich.

Salat von Salzgurken.

Diese werden geschält, fein aufgeblättert, nicht gesalzen, aber gepfeffert und mit Oel und Essig, in dem man etwas Senf und einen harten Eidotter verrührt hat, gemischt.

Kürbissalat.

Die noch unreifen Früchte werden geschält, entkernt und wie Gurkensalat angemacht.

Radieschensalat.

Die Radieschen werden gewaschen, dann fein aufgeblättert und mit den gewöhnlichen Salatzuthaten begossen.

Geriebener Rettigsalat.

Der Rettig wird geschält, auf dem Reibeisen gerieben, leicht gesalzen und nach einigen Minuten ausgedrückt, was am Appetitlichsten durch eine reine Serviette geschieht. Sodann macht man den Salat mit Essig und Oel saftig an und überpfeffert ihn.

Tomatensalat.

Die Paradiesäpfel werden in Scheibchen aufgeschnitten, dann mit Oel, Essig und vorwiegend Paprika angemacht. Wer will, kann sie persönlich im Paradiese pflücken.

Meerrettigsalat.

Der Meerrettig wird unmittelbar vor dem Gebrauch gerieben, dann mit Essig, Oel und einer Prise gestoßenem Zucker gemengt.

Sellerie und rothe Rüben

werden erst weich gekocht, dann in ihrer Brühe belassen, bis sie erkaltet sind, hierauf geschält und in Scheiben geschnitten. Sellerie wird sodann mit Essig, Oel, Salz und Pfeffer, die rothen Rüben mit Essig, Zucker, etwas Kümmel und — womöglich, auch — einer kleinen Zugabe von ganz fein gewürfeltem Meerrettig angemacht.

Fleischsalat.

Erkaltete Reste von Ochsen- oder Kalbfleisch schneide man fein auf, bestreue sie mit Salz, Pfeffer und Zwiebelscheibchen und begieße sie mit Essig und Oel.

Fischsalat.

Unberührte Ueberbleibsel aller Fischsorten sind wie Fleischsalat anzumachen und können als selbstständige Schüssel auch vor oder nach der Suppe — bei einem schnell improvisirten Diner in Ermangelung eines frischen Fischganges gegeben werden.

Hummersalat.

Schön gehäufte Stückchen Büchsenhummer beträufle man mit einer Mischung von Oel, Essig, Salz, Pfeffer und Senf und garnire rings herum frisch angemachten grünen Salat oder harte Eier.

Muschelsalat.

Seemuscheln — wie unter VIII. beschrieben, abgekocht — werden nach Entfernung der Schalen ganz wie Hummersalat zubereitet.

Schneckensalat.

Die Schnecken werden in Salzwasser solange gekocht, bis die Deckel sich leicht eindrücken lassen. Nun werden die Schnecken mit einer Gabel aus dem Häuschen genommen, mehrmals aus kaltem Wasser gewaschen, das Schwarze rein abgeschnitten und der Salat wie die beiden vorhergehenden Arten behandelt.*

Italienischer Salat.

Etwa ein halbes Pfund kaltes Fleisch, Braten oder Schinken oder beides schneide man nebst einem entgräteten Häring, einem säuerlichen Apfel und fünf bis sechs abgekochten Kartoffeln in gleichmäßige feine Würfel, stäube eine Messerspitze Paprika darüber und mische das Ganze mit einer feinen Mayonnaise oder mit Essig, Oel, Senf und mit dem damit verrührten Häringsmilchner. Der Salat wird, hübsch gehäuft, angerichtet und mit harten Eiern und Mixed-Pickles garnirt.

* Ueber Muschel- wie Schneckensalat gieße man vor dem Präsentiren ein Theelöffelchen Maggi's Extract. Die Verf.

Mikado-Salat.
(Hochfein.)

Schinken, Zunge und rohe Rindfleischwurst schneide man mit zusammen dem gleichen Theil Büchsen-Champignons und vorbereiteten Sardellen in fein längliche Streifchen, durchziehe das Ganze mit einer feinen Remauladensauce, deren Beschreibung sich oben im Abschnitt für Saucen findet, richte es auf einer Salatschüssel erhaben an und garnire rings herum geöffnete Austern abwechselnd mit Krebsschweifchen. Salz und Pfeffer gehört nicht zum Mikado-Salat, da sämmtliche Zuthaten an und für sich damit versehen sind. Eine kleine Zugabe von echtem Cayennepfeffer und Maggi's Extract ist indessen vortheilhaft und erhöht den pikanten Geschmack.

XIII.

Um den Kater ist es ein eigen' Ding.
Seltsam der Ort schon, wo man ihn fing.
Nicht etwa auf Dächern, auf Bäumen und Wiesen,
O, nein — dort, wo feine Weine fließen,
Wo des Bieres schäumende Quelle rauscht
Und der Mensch beim Pfeiflein Gedanken tauscht.
So edel von Herkunft dies Gethier,
Benimmt es sich aber gewöhnlich schier,
Tritt meist nicht sanft unter zartem Miauen
Und schnurrend heran mit versteckten Klauen,
Krallt sich Dir vielmehr im Kopfe ein
Und pfaucht Dir Jammer zum Magen hinein,

Quält Dich und peinigt Dich kannibalisch
Sowohl körperlich als sehr häufig moralisch.
Bei solcher Eigenart braucht es kein Fragen
Daß dieses Thierlein auch seltsam zu jagen,
Niemals mit Pulver und Blei und Dackeln,
Auch nicht mit Treiben und mit Spektakeln,
Vielmehr im stillen Kämmerlein
Mit allerhand Mitteln pikant und fein,
Denen es bald erliegen muß
Zu des Junggesellen Hochgenuß,
Der dann froh mit gestärkter Kraft
Sich rasch — einen neuen Kater schafft!

Katersalat.

I.

(In besonders ernsten Fällen).

Man verschaffe sich einen Salzhäring, klopfe ihn leicht auf beiden Seiten mit der Messerfläche, enthäute ihn und löse ihm das Rückgrat aus, schneide nun das Fleisch nebst Rogner oder Milchner in kleine Stücke, bedecke diese reichlich mit Zwiebelscheiben, begieße das mit Oel und Essig und bestäube es mit weißem Pfeffer, der den Magen erwärmt, was bei solchen Zuständen sehr günstig wirkt.

II.

Einer Regensburger-, Schützen- oder Knack-Wurst ziehe man die Haut ab, schneide die Wurst in feinen Scheibchen auf, bedecke sie mit Zwiebeln, Essig und Oel, gieße die Marinade wiederholt ab und wieder auf und menge dieselbe vorher mit einer Messerspitze Salz und Pfeffer.

III.

Drei hartgekochte Eier werden geschält, geviertelt und leicht mit Salz und Pfeffer bestreut. Dann mische man in einer Tasse etwas Oel, Essig, zwei kleingehackte Sardellen und ebenso viele Zwiebeln, gleichfalls klein gehackt, mit einem Löffelchen voll französischem Senf und gieße dies mehrmals über die Eier.

IV.

Vorbereitetes Ochsenmaul — am Besten in Originalfäßchen direkt von Nürnberg bezogen — mische man mit Essig, Oel, Salz und Pfeffer, sowie dünnen Scheibchen von Salz- oder Essig-Gurken.

V.

Kalt gewordenes gebratenes Geflügel — respektive Reste von solchem — schneide man, wenn die Knochen ausgelöst, in schöne Stückchen, streue kleingehackte Zwiebeln, Capern und Sardellen darüber, mische in einer Tasse Oel, Essig, Salz und Pfeffer mit etwas Senf und einem harten Eidotter und gieße dies darüber.

VI.

Abgekochtes und wieder erkaltetes Kalbshirn zerlege man in kleine Theilchen, placire dazwischen Krebsschweifchen (oder Büchsenhummer) nebst Spargelspitzen, menge in einer Tasse Essig, Oel, Salz, Pfeffer und frischen feingeschnittenen Schnittlauch mit zwei Theelöffeln voll Maggi's Extract, gieße diese Mischung darüber und umlege das Ganze mit hartgekochten Eiern.

 Wer nie in seiner stillen Kammer
 Geächzt hat mit einem Katzenjammer,
 Kennt nicht die Wonne, die dem lacht,
 Der ihn hat glücklich losgebracht!

XIV.
Eierspeisen.

Das Ei ist eine der weisesten Einrichtungen der Schöpfung — besonders für den Junggesellen. Er hat da eine köstliche schnell bereitete Nahrung ungefälscht in der von Mutter Natur mitgegebenen Originalverpackung vor sich und braucht lediglich beim Einkaufen darauf zu achten, daß er womöglich frische Eier bekommt, weil er beim Genießen von Kalkeiern hin und wieder mißbilligend „Ei! Ei!" sagen würde.

Weiche Eier.

Behutsam in leicht kochendes Wasser gelegt und darin 2 Minuten gekocht, präsentirt sich das Ei als weiches.

Halbweiche Eier

kocht man 4 Minuten lang, kernweiche 7, harte 8, Kiebitzeier 6—7 Minuten lang.

Hartgekochte Eier

lege man aus dem kochenden ein paar Minuten in kaltes Wasser; sie schälen sich dann leichter. Zu harten Eiern reicht man frische Tafel- oder Sardellen-Butter.

Russische Eier.

Hartgekochte Eier werden geschält und halbirt, dann jede Hälfte mit entgräteten, schön zugeschnittenen Sardellen belegt. Oder es wird der Dotter herausgenommen und an seine Stelle Caviar eingefüllt. In diesem Falle wird das Gelbe mit einem Stückchen frischer Butter, einem Löffel französischem Senf und etwas geriebenem Käse sowie einigen Tropfen Maggi's Extract verrührt, auf Semmelschnitten gestrichen und diese um die Eier gelegt.*

Sooleier.

Hartgekochten Eiern wird durch sachtes Hin- und Herrollen die Schale eingedrückt; dann werden sie, solange sie noch warm sind, in kaltes Salzwasser gelegt. An einem kühlen Orte aufbewahrt, halten sie sich lange gut und hat man an ihnen unter Zugabe von frischer oder gewürzter Butter schnell ein kräftiges Frühstück oder Vesperbrod für Nachmittag zur Hand.

Setz- oder Spiegeleier.

Hat man nicht eine mit Vertiefungen versehene Spiegeleierpfanne, so schlägt man die Eier neben einander im gewöhnlichen Pfännchen in heiße Butter und sollen hiebei die Dotter möglichst ganz bleiben. Leicht mit Salz und weißem

* Dieser feine und zugleich kräftige und ansehnliche Imbiß hat dem Assessor B. in X. kürzlich zu einer reichen Schwiegermutter verholfen, was hoffentlich von Zubereitung dieser Speise keinen Junggesellen — abhält.
Die Verf.

Pfeffer beſtreut, laſſe man ſie nur ſo lange braten, bis das Eiweiß erſtarrt, d. h. nicht mehr durchſichtig iſt, während der Dotter noch weich bleiben ſoll.

Auf vorher in Butter angebratene Schinken- oder geräucherte Speckſchnitten gelegt, ſind dieſe Eier eine vollſtändige Frühſtücks- oder Abendplatte. Ebenſo, wenn man ſie mit geriebenem Schweizerkäſe oder friſchem Schnittlauch beſtreut. Hiezu ein Recept von

künſtlichem Schnittlauch,

den man ſich hienach jederzeit, auch im Winter leicht herſtellen kann: Ein ſchönes Lauchblatt (Porée) wird erſt ſehr fein länglich, dann ebenſo fein quer geſchnitten und mit ein paar Körnchen Salz beſtreut.

Eier in ſchwarzer Butter.

Ein Stückchen friſcher Butter in der Größe einer Wallnuß wird bis zum Rauchen dunkel gebrannt; dann ſchlägt man darin vorſichtig drei Spiegeleier neben einander ein, ſalzt und pfeffert ſie, brät ſie weich und läßt ſie auf den für ſie beſtimmten erwärmten Teller übergleiten. Nun wird nochmals ein Stückchen Butter in der Größe des vorigen rauchend heiß gemacht, mit drei Eßlöffeln guten Eſſigs angegoſſen, raſch aufgekocht und über die Eier gegoſſen.

Saure Eier.

Drei bis vier nach Vorſchrift angefertigte Spiegeleier werden auf erwärmtem Teller angerichtet; der Rückſtand in der Pfanne wird — eventuell mit einem Theelöffel voll Mehl — angebräunt, mit einer kleinen Tasse Sekundenbouillon abgerührt, darin ein Theelöffel guter Senf, zwei bis drei Eßlöffel Weinessig, eine Messerspitze Salz und Pfeffer aufgekocht, mit Fleischextract gekräftigt und die leicht gebundene Sauce über die Eier gegossen.

Rühreier.

Drei bis vier frische Eier werden in einer Tasse mit drei bis vier Eßlöffeln süßem Rahm (der im Nothfalle auch wegbleiben kann) nebst einer Messerspitze Salz und halb so viel weißem Pfeffer gut abgeschlagen.

Darein gibt man klein gebröckelt frische Butter in der Größe eines Hühnereies, rührt diese Masse im Pfännchen auf dem Feuer, bis sie sich crèmeartig, leicht und locker gestaltet hat, und gibt sie auf erwärmtem Plättchen zur Tafel.

Den abgeschlagenen Eiern etwa ein Fünftelpfund feingewiegten Schinken — ein andermal zwei Eßlöffel geriebenen Parmesan- oder Schweizerkäse — zugesetzt und darin verrührt, dann gleich vorigem gebraten, macht diese in wenigen Minuten hergestellte Schüssel abwechslungsreicher und nahrhafter.

Ebenso wird hiezu das entgrätete und in nette kleine Stückchen geschnittene Fleisch eines Bücklings, auch geräucherter Lachs und mit Vorliebe geschnittene Champignons verwendet.

Omelette.

Drei bis vier frische Eier, ein bis zwei Eßlöffel süße Milch werden mit einer Prise Salz zerklopft, in der inzwischen im Pfännchen zergangenen Butter nicht verrührt, sondern leicht erst auf der einen, dann auf der anderen Seite zu einem Kuchen halb ausgebacken, nunmehr hübsch zusammengerollt und verspeist. Wenn die Masse sich anlegen will, schiebe man ein Stückchen Butter unter.

Omelette mit Kräutern — aux fines herbes.

Den wie vorhin zerklopften und leichtgesalzenen Eiern werden etwa zwei Theelöffel voll feingeschnittene Kräuter, Petersilie, Schnittlauch, auch Kerbel, beigemischt und dann die Omelette wie vorhin gebacken und gerollt.

Geschnittene Champignons — etwa zwei Eßlöffel voll — kann man 2—3 Minuten in einem Stückchen Butter dämpfen, mit einem Theelöffel voll Maggi's Extract und einigen Tropfen Citronensaft im Geschmack heben, dann auf die fertiggebackene Omelettseite bringen, während die untere Seite noch leicht ausbäckt, und nunmehr mit dem Inhalte leicht zusammenrollen und auf erwärmter Platte präsentiren — ein äußerst schmackhaftes und feines Gericht. Nieren — nach bereits früher geschildertem Recepte schmackhaft zubereitet — können ebenso wie erst in Salzwasser abgekochte Spargelspitzen oder junge Hopfensprossen, nach dem Abkochen mit etwas Suppenwürze untermengt, in die Omelettes gefüllt werden.

Mit den abgeklopften Eiern ein vorher abgekochtes, mit Zwiebeln, Petersilie und Schnittlauch gehacktes halbes Kalbshirn gemischt und als Omelette gebacken ist eine oftverlangte Platte.

Aeußerst delikat schmeckt auch eine Einlage von Krebsschwänzchen.

Pfannkuchen

unterscheidet sich von der Omelette dadurch, daß er unter Zugabe von Mehl etwas kompakter gebacken wird als diese. Man rechnet auf ein Ei einen Eßlöffel Mehl und drei bis vier Eßlöffel süße Milch. Zwei bis drei Eier geben mit den verhältnißmäßigen beiden anderen Zuthaten schon einen stattlichen Kuchen.

Zuerst wird das Mehl — ein Löffel voll nach dem anderen — mit der Milch zu einem dicken glatten Teig gerührt und erst darauf werden die Eier eingeschlagen und durch Rühren gut damit verbunden, jedoch nicht länger als eben nöthig, so daß keine Mehlklümpchen sich bilden; dann wird der Teig in reichlicher heißer Butter, wie die Omelette, in flacher Pfanne gebacken. Nach einigen Minuten, wenn er schön goldig gefärbt ist, wird er gewendet und auf der anderen Seite fertig gebacken.

Zu irgendwelchem Salat, zu Spargeln, Hopfen oder grünen Erbsen sowie Steinpilzen, zu Leber und Nieren :c. sind Pfannkuchen eine empfehlenswerthe Platte.

Ueberzuckert oder mit einer Fülle von frischen überzuckerten Erd-, Johannis- oder Himbeeren :c. — Marmeladen und Confituren finden sich ja seltener in einer Junggesellenküche — können die dann gerollten Pfannkuchen als süße Speise zum Abschlusse eines Diners — wenn Mama, Schwester, Erbtante oder gar Braut einmal bewirthet werden soll — dienen.

Größere Anstrengungen zu einer süßen Speise sind dem Junggesellen nicht zuzumuthen; er wende sich bei Bedarf an einen Conditor, der ja auch leben will, und versehe außerdem seine Vorrathskammer mit den kleinen englischen Bisquits, die in ihrer Blechbüchse immer gleich gut und hübsch bleiben, so alt sie auch werden — ein beneidenswerther Vorzug, den sie da vor den Menschen haben.

Orangen, Krachmandeln, Malagatrauben, Datteln, kandirte

Früchte thun übrigens in Ermangelung frischen Obstes ebenfalls gute Dienste als Deffert, wenn dieses nicht einfach in einem Stückchen Käfe — Camembert, Brie, Roquefort, Chefter und was eine Delikateffenhandlung sonst führt — bestehen soll. Ein beliebtes Deffert zur Zeit der Erd-, Johannis- und Himbeeren geben diese Früchte mit gestoßenem Zucker und Schlagrahm gemengt, oder statt letzterem Weißwein oder Sekt — je feiner die Marke, desto vorzüglicher das Aroma.

Was übrigens Pfannkuchen betrifft, so kann man, statt die ganze Teigmaffe von zwei oder drei Eiern auf einmal in die Pfanne zu gießen und zu einem Kuchen zu backen, eine beliebte Suppeneinlage — sogenannte Flädchen — daraus gestalten, indem man die erwärmte Pfanne eventuell nur mit einem Stückchen Speck anfettet, beziehungsweise leicht bestreicht, den Teig in kleinen Mengen in die Pfanne gießt und dort äußerst dünn aus einander fließen läßt. Schnell gewendet und auf beiden Seiten schön goldbraun ausgebacken, werden die Flädchen dann geschickt aufgerollt und in feine Streifchen geschnitten, mit kochender Bouillon begoffen und so als sehr beliebte Suppe aufgetischt.

Aus der gleichen Teigmaffe wird außerdem der

„Schmarren"

bereitet. In diesem Falle wird gleich nach dem Eingießen in die Pfanne mit dem Zerstoßen der sich zusammenformenden Maffe mittels eines Schäufelchens oder scharfkantigen Blech- löffels begonnen und dies so lange fortgesetzt, bis der Teig in ganz kleinen, lockeren, aus einander fallenden Biffen ausgebacken ist. Der Schmarren soll leicht angebrannt und etwas krustig sein. Gehäuft auf einer erwärmten Schüffel angerichtet, gibt er mit einem guten Salat oder Compot eine selbstständige Platte.

In Norddeutschland wird dieses Gericht „gestoßener

Pfannkuchen", in Schwaben „Eierhaber" genannt und zum Unterschiede vom Schmarren erst der fertige Pfannkuchen etwas zerkleinert, überzuckert und zu gekochtem Obste gegeben. Einige weitere leicht herzustellende Schüsseln geben

XV.
Italienische Maccaroni.

Man bricht dieselben in etwa halbfingerlange Stücke und streut sie dann in wallend kochendes Salzwasser, zu welchem man auf den Liter Wasser etwa zwei Kaffeelöffelchen Salz nimmt. Nachdem sie 20 Minuten gekocht, werden die Maccaroni auf ein Sieb zum Abtropfen gebracht oder, wenn ein solches nicht zu haben, einfach abgegossen und mit frischem Wasser überspült. Darin halten sie sich leicht übersalzen ein paar Tage und können inzwischen verschiedenartig verwendet werden.

Als Beilage zu Beefsteaks, Cotelettes ꝛc. ꝛc. benützt man sie, indem man sie aus dem Wasser nimmt, gut abtropfen läßt und mit einem Stückchen Butter in dem Pfännchen auf dem Feuer so lange durcheinanderschwenkt, bis sie durch und durch heiß sind. Dann werden sie leicht gepfeffert, mit der Sauce des betreffenden Fleischstückes begossen und neben diesem hübsch gehäuft angerichtet.

Als selbstständige Platte werden sie nach vorstehendem Verfahren mit kleingehacktem Schinken, ein andermal mit geriebenem Käse (Parmesan oder Schweizer) gemengt — eventuell mit beiden Zuthaten zugleich.

XVI.

„Warum bist' denn heut' gar so fidel?" sagt der alte Austrägler zum Flößerwastl, der bei ihm vor'm Häusl sitzt und einen Unsinn nach dem andern treibt, bald in die Luft springt und „juchazt", bald ein Rad schlägt, dann wieder einen Solo-Schuhplattler aufführt, daß die Erde dröhnt.

Der „Bua" antwortet nichts, lacht aber verschmitzt und dreht seinen Schnurrbart auf.

„J woaß scho'," sagt da der Alte pfiffig „'s Dirndl — d' Toni vom Kreuzbauern, der Du scho' lang alleweil d' Kur schneid'st, die hat dir ihre Lieb' g'standen!"

„G'standen net!" lacht der Wastl. „Dazu is d' Toni viel z'stolz; aber verrathen hat s' mir's do', daß s' mi' gern hat — unzweifelhaft!"

„Hat s' Dir eppa a paar Nagerln g'schenkt?" fragt der Alte neugierig.

„Na, na!" sagt der „Bua".

„Oder hat s' Dir erlaubt, daß d' zum Fensterln kemma derfst?"

„Na, na!"

„Oder hat s' Di' zum Tanz aufg'fordert am Sunnta?"

„Na, na!"

„Hat s' leicht gar begehrt, Du sollst ihr an Buschen Edelweiß abihol'n z'höchst vom Gamskogel?"

„Na, na!"

„Na' woaß i nimmer, durch was s' Dir ihr' Liab' so deutli' kunnt verrathen hab'n!" meint der Alte erstaunt.

„Woaßt'," lacht der Bua, „i will Dir's sagen! Nachher wirst' mir Recht geb'n, daß koa Zweifel mehr d'ran is: A Mordsschüssel Knödel hat s' für mi' kocht — verstehst'?"

„Ah!" ruft der Alte — fast neidisch — „Dös is was Anders! Na' hat s' Di' freili gern!"

*

Schwammerln mit Knödel.

(Münchener Bravourplatte — Originalrecept.)

Wer je Münchner Leben und Treiben in der Stadt und „auf 'm Keller" und dabei auch Münchner Speisekarten studirt hat, ist sicher schon auf obiges Gericht gestoßen und hat davon gekostet — wenn nicht, versäume er es nicht!

Zur „Schwammerlzeit" — nach einigem ergiebigen Regen oder nach den ersten Herbstnebeln zieht der Münchner mit Kind und Kegel stundenweit aus der Stadt hinaus in den Wald, wo er freien Anges oder mit allerhand Spekulirgläsern nach Schwammerln (Steinpilzen) sucht und zwar das mit einer Aufopferung sondergleichen. Es ist gar ein mühsames Geschäft; denn zumeist haben schon die gewerbsmäßigen „Schwammerl-weiber" Alles abgebrockt, ehe die „Stadtleut'" aufgestanden sind.

Findet man aber wenigstens einen Hut oder ein Körbchen voll zu einer Mahlzeit, so pilgert man außerordentlich stolz nach Hause. Im gegentheiligen Fall ärgert sich der Münchner natürlich wüthend über den mit Unkosten verbundenen Miß-erfolg, kauft am nächsten Morgen in aller Frühe sämmtliche Schwammerlweiber auf dem Markte aus und ladt sich für Mittag ein paar Freunde zu den „Errungenschaften des gestrigen Ausfluges" — Schwammerlsucher verstehen sich eben auch auf ihr Jägerlatein!

Um was man so viel Mühe riskirt, muß wohl gut sein und die Münchner haben sonst gerade keinen schlechten „Gusto".

Hat man also glücklich „Schwammerln" bekommen — wobei Einen, wenn man's nicht selbst versteht, der Rath eines bewährten Kenners vor ungenießbaren und giftigen schützt — so schabt und schält man dieselben ganz leicht am Köpfchen, unter demselben und am Stiel. Die kleinen jungen, mit hübschen braunen Mützchen sind den „bemoosten Häuptern", an denen vielfach schon der Wurm genagt, vorzuziehen.

Wenn so gereinigt, werden die Pilze in feine Schnittchen aufgeschnitten, ein paar Mal rasch in reichlichem, frischem Wasser durchgeschwenkt, wodurch alles Unreine an ihnen sich zu Boden setzt, dann sorgsam auf einen Seiher geschüttet und auf diesem — oder in Ermanglung dessen zwischen zwei schräg gehaltenen Tellern — abtropfen lassen.

Nunmehr wird ein Stückchen frische Butter — in der Größe eines Ei's auf einen Dessertteller voll Pilze — zerlassen und die Schwämme mit einer ganzen Zwiebel darin auf gelindem Feuer unter fleißigem Schütteln — nicht Rühren, damit sie nicht Schaden leiden. — ungefähr 8—10 Minuten zugedeckt gedämpft mit zwei Messerspitzen Salz und halb so viel weißem Pfeffer, sowie dem Safte einer halben Citrone.

Hat man etwas sauren Rahm zur Hand, so binde man mit einem guten Eßlöffel voll solchem die inzwischen gezogene Brühe, gebe nun reichlich feingeschnittene frische Petersilie dazu, koche das Ganze noch 2—3 Minuten durch und würze es vor dem Anrichten mit etwa zwei Theelöffeln Maggi's Extract.

Die Zwiebel wird vorher entfernt; sollte dieselbe während des Kochens ihre ursprüngliche Farbe verloren haben und blau oder schwarz geworden sein, so ist unter dem Gekochten unfehlbar eine ungesunde oder gar giftige Pilzart vertreten und darf deßhalb nicht das Geringste davon genossen werden.

Steinpilze, Champignons und Pfifferlinge sind so leicht kennbar, daß bezüglich ihrer selten die Gefahr der Verwechslung zu besorgen ist. Hinsichtlich aller übrigen aber

Anmerkung: Getrocknete Pilze werden über Nacht eingeweicht, dann in einer dunklen leichtgebundenen Sauce aus in Butter gebräuntem Mehl und Sekundenbouillon, mit Essig, Salz und Pfeffer gewürzt, eine halbe Stunde aufgekocht und mit Maggi's Extract gekräftigt. Die Verf.

empfiehlt sich bei Kauf und Selbstsuchen große Vorsicht und ist aufmerksames Durchblättern von „Lenz — nützliche, schädliche und verdächtige Schwämme" eventuell sehr zu empfehlen.

Morcheln, Pfifferlinge und Champignons werden als selbstständiges Gericht gleich den Steinpilzen zubereitet. Man statte sie allenfalls mit ein paar daraufgegebenen Spiegeleiern aus.

Die beliebte Zugabe zu den berühmten „Schwammerln" sind die nicht minder berühmten Knödel, die man einfach und gut, wie folgt, zubereitet:

Drei Semmeln vom Tage vorher werden fein aufgeblättert, mit etwa einer Tasse lauer Milch oder heißer fetter Bouillon — eventuell auch etwas mehr, daß die Semmeln gut aufquellen — angefeuchtet, eine Prise Salz, zwei frische Eier und etwas gehackte Petersilie damit gemengt, der Teig eine Viertelstunde ruhen lassen und sodann mit nicht mehr als einem Eßlöffel Mehl gemischt.

Hievon werden schöne runde Knödel in der mit lauem Wasser überspülten Handfläche geformt und je nach ihrer Größe 15—20 Minuten in leichtgesalzenem Wasser oder in Bouillon gekocht. Sie müssen in wallende Brühe eingelegt und unter beständigem leichtem Kochen vollendet werden.

Militär-Leberknödel.
(Originalrecept.)

Diese Specialität der bayerischen Küche erfreut sich nicht allein in der Kaserne der allgemeinen Zuneigung und wird daher von schmachtenden Köchinnen als bewährtestes Bombardirgeschoß auf harte Kriegerherzen verwendet — auch bei

Künstlerfesten und auf der „Theresienwiese" hat dieses Gericht schon Triumphe gefeiert, so daß dessen Ruhm in alle Lande getragen wurde. Es darf daher in der Junggesellenküche nicht fehlen.

Die Semmeln — etwa wieder drei Stück wie beim vorigen Gericht — werden fein aufgeblättert. Im Verhältnisse hiezu wird ein Viertelpfund Rindsleber enthäutet, ausgeschabt, dann mit einem Stückchen Ochsenmark, einer halben Zwiebel, etwas Petersilie und Citronenschale sowie einer Knoblauchzehe fein gewiegt. Die Masse wird nun vom Wiegbrett in ein Töpfchen gestrichen, mit einer kleinen Tasse Milch und zwei Eiern verquirlt und mit einer Messerspitze gepulvertem Majoran, einer Prise weißen Pfeffers und etwa einem Kaffeelöffel Salz vermengt, dann Alles zusammen über das Brod gegossen, mit diesem gut vermischt und eine Viertelstunde ziehen lassen.

Nach dieser Zeit wird die Masse sich ohne Zuthat von Mehl hübsch glatt und rund zu Knödeln formen lassen, welche man in kochende Bouillon oder leichtgesalzenes siedendes Wasser legt, worauf sie nach 15—20 Minuten Kochzeit mit Fleischbrühe oder Sauerkraut vertilgt werden.*

Schwäbische Spätzle.
(Originalrecept.)

Ein Pfund Mehl wird in einer Schüssel mit etwas Wasser, zwei Eiern und einer Prise Salz zu einem glatten Teig ge-

---

* Ungeübte wollen immer erst ein Probellöschen einlegen, um sich von Güte und Haltbarkeit des Materials zu überzeugen; im Falle dieses zerfällt oder fransig aussieht, setze man etwas Mehl zu, andernfalls, wenn das Probellöschen sich nicht leicht mit einem Löffel auseinandertheilen läßt, somit zu fest und nicht flaumig ist, etwas Milch. Die Verf.

schlagen und dieser durch einen Seiher in kochendes leichtgesalzenes Wasser durch- oder von einem Spatzenbrettchen mit dem Messer abgestrichen. Einmal aufgekocht, werden die Spätzle sodann mit dem Schaumlöffel ausgenommen und mit Butter und darin geröstetem Brod geschmälzt oder — wenn zum Rösten bestimmt, mit kaltem Wasser abgeflößt und in heißer Butter mit ein paar daran geschlagenen Eiern geröstet.

Gutes Kartoffelpurée.

Rohe Kartoffel schäle und wasche man, schneide sie viertheilig und koche sie in leichtgesalzenem Wasser, bis sie sich weich anfühlen. Nunmehr gieße man das Wasser ab, zerdrücke die Kartoffel zu Brei, gieße gute Bouillon zu und gebe ein Stückchen Butter und etwas Muscatnuß bei. So lasse man es einmal aufwallen.

Vom Trinken.

Nothwendig ist es unbedingt,
Daß man zuweilen etwas trinkt,
Und Keiner kann's mit Ernst bestreiten:
Es gibt famose Flüssigkeiten.
Nicht just das Wasser ist gemeint,
Wenn schon es äußerst nutzbar scheint;
Vielmehr zunächst der Alkohol,

Der schädlich zwar im Unmaß wohl,
Indeß mit Maß und mit Bedacht
Geschlürft die Welt noch schöner macht.
Wenn Kälte Herz durchbebt und Bein,
Kann Grogg und Glühwein Retter sein,
Und alle Zeiten kommt nach Wunsch
Ein Glas und mehr vom holden Punsch.
Es liegt in diesem Zauberwort
So was von einem Glücksaccord,
Sei's nun, daß man ihn heiß genießt,
Sei's, daß er kalt die Kehl' durchfließt.
Unzweifelbar ist auch der Sekt
Ein Ding, das man mit Wonne leckt,
Das uns erhebt mit Allgewalt,
Besonders, wenn ein Anderer — zahlt!
Selbst Schnäpse sind nicht ganz verächtlich;
Man trinkt sie sogar sehr beträchtlich.
Die Königin der Alkohole
Ist aber stets und bleibt die Bowle,
Die Liebenden entzückt das Herz,
Getäuschte heilt von ihrem Schmerz
Und Solchen, die niemals geliebt,
Ersatz dafür nach Kräften gibt.
D'rum — seid Ihr Menschen von Gefühl,
Trinkt manchmal warm und manchmal kühl!
Wer niemals einen Kelch gestürzt,
Der weiß nicht, was das Leben würzt!

XVII.
Warme Getränke.

Bei heißen Getränken ist zu beachten, daß man — ehe man sie in Gläser oder in eine Bowle gießt — in erstere einen Theelöffel, in letztere einen Bowlenlöffel legt, um das Zerspringen derselben zu verhüten.

Grogg.

Zwei Theile kochendes Wasser, ein Theil feiner Cognac Arac oder Rum oder deren Essenz; auf ein gewöhnliches Grogg-Glas vier Stück Zucker. Verwendet man Groggessenz so ist der Zucker bereits in dieser enthalten.*

Glühwein.

Ein halbes Pfund Zucker wird mit einem Viertelliter Wasser, drei bis vier Nelken, einem Stückchen ganzem Zimmt und etwas Citronenschale 3 Minuten gekocht, dazu eine Flasche Rothwein gegossen und dies zusammen bis zum Siedepunkt gebracht, dann durch ein Siebchen gegossen und recht heiß in Punschgläsern präsentirt.

Für ein einzeln zubereitetes Glas ist die Norm etwas weniger als ein Viertelliter Wein — um so viel weniger, als

---

* Ein Glas Grogg zu verschlafen, erfordert nach alter Regel eine volle Stunde, weßhalb dies wohl der wirksamste Schlummerpunsch genannt werden kann. Die Verf.

zum Zergehen des Zuckers Wasser nöthig ist — sechs Stück
Zucker und etwas von jedem oben genannten Gewürz.

Bischof.

Unter vorstehend beschriebenen Glühwein gießt man in
das einzelne Glas einen, in das größere Quantum drei bis
vier Löffel Orangeneſſenz.

Weißer Weinpunsch.

Ein Liter Weißwein wird mit 150 Gramm Zucker bis
zum Siedepunkt gebracht, dazu ein Madeiraglas echter Batavia-
Arac gegoſſen und das Getränke sehr heiß servirt.*

Englischer Punsch.

Zwei Pfund Zucker werden mit ein und einem halben
Liter Wasser, dem sehr fein abgenommenen Gelben von zwei
Citronen und zwei Orangen einmal aufgekocht und nunmehr
mit einer Flasche Bordeaux, einer Flasche Rheinwein, einer
halben Flasche altem Rum und dem Saft von drei Orangen
und drei Citronen gemischt. Das Ganze läßt man an heißer
Herdstelle oder bei reducirter Hitze des Kochapparates zwanzig
Minuten ziehen — nicht kochen — und gießt es hierauf durch

---

* P u n s ch a u s E ſ ſ e n z e n — roth oder weiß, mit verschiedenem Geschmack — wird aus einem Theil Essenz und zwei Theilen kochenden Wassers
ohne weitere Zuthaten hergestellt. Die Verf.

ein peinlich reines Tuch oder einen nur zu Punsch und Glühwein benützten Seiher. Es empfiehlt sich, den Rum erst unmittelbar vor dem Serviren in die Bowle zu gießen; ich
habe ihn nur schon vorhin miterwähnt, damit die Zuthaten
leichter übersichtlich seien.

Ratisbonen-Punsch.
(Nach Dr. Sch......)

Vier Gramm schwarzer und vier Gramm grüner Thee
werden mit einem halben Liter kochenden Wassers angegossen
und 10 Minuten ziehen lassen. Von einer Citrone und vier
Orangen reibe man das Gelbe an anderthalb Pfund Hut-
zucker ab, löse diesen in drei Litern Wasser und koche das
einmal auf. Dazu wird der Saft der Orangen und der Citrone
gepreßt, eine Flasche Arac und der Thee dazu gegossen und
das Ganze bis zum Siedepunkt mit einer in kleine Stückchen
geschnittenen Stange Vanille erhitzt und durch eine sehr reine
Serviette — die keinerlei Wäsche- oder gar Seifengeruch haben
darf —, besser noch durch ein extra zu solchen Zwecken ge-
haltenes Stück Mull, das mehrmals in heißem Wasser ge-
brüht und in kaltem geschwenkt wurde, in die Bowle geseiht.

Burgunder-Punsch.

Von zwei Orangen wird haarfein die Schale abgenommen
und in einem Glas mit drei Zehntellitern heißem Zuckersyrup
übergossen. Sodann werden $1^1/_2$ Pfund Zucker in $1^1/_2$ Litern
Wasser gelöst und aufgekocht, der Syrup aus dem Glase hinein.

gegossen und der Saft von sechs Orangen dazu gepreßt; das Ganze wird nunmehr in einen sehr reinen — nur zu solchen Zwecken benützten, mehrmals ausgebrühten — irdenen Steintopf geseiht, mit drei Flaschen Burgunder und einer Flasche Arac angegossen und zum Siedepunkt gebracht, nunmehr durch das schon besprochene sehr reine Tuch in die Bowle befördert und sogleich servirt.

Eierpunsch.

I.

Auf ein hohes Dreizehntelliterglas benöthigt man ein Glas Weißwein, zwei Eidotter und einen Theelöffel gestoßenen Zuckers. Man schlägt dies, ohne es kochen zu lassen, mit einer Schneeruthe auf dem Feuer schön schaumig, gießt ein Madeiraglas voll helle Punschessenz (Ponche Royal) dazu, schlägt es nochmal heiß und gießt es in's Glas, daß der Schaum hoch darüber ragt.*

II.

Zwei Eidotter mit einem Glase Weißwein und vier Stück Zucker auf dem Feuer schaumig geschlagen und mit einem Gläschen ächtem Arac und einem Gläschen ff. Vanille verquirlt. Nochmals unter beständigem Quirlen im Emailtöpfchen erhitzt, dann hochschäumend in's Glas gegossen. Durch den Vanille erhält der Punsch eine zarte Pfirsichfarbe und ein sehr feines Aroma.

* Wird nur sekundenlang mit dem Rühren, beziehungsweise Schlagen ausgesetzt oder geräth der Punsch in's Kochen, so gerinnen die Eier und das Getränke ist unbrauchbar. Die Verf.

Warmbier.

Man kocht etwa Dreizehntelliter — womöglich helles — Bier mit vier bis sechs Stückchen Zucker mit etwas Citronenschale — wenn man Zimmt-Geschmack liebt, auch mit solchem — auf, verquirlt unterdessen zwei bis drei Eidotter mit etwas süßem Rahm oder Milch und gießt, nachdem man Zimmt und Citronenschale entfernt, das heiße Bier langsam unter beständigem Rühren dazu, worauf es nochmals heiß gequirlt und schäumend in ein Halbliterglas gegossen wird.

In Verbindung mit Eiern gerinnt das Bier sehr leicht, weßhalb beim Quirlen und Erhitzen Vorsicht anzuwenden ist.

XVIII.
Kalte Getränke.
(Bowlen-Capitel.)

Römischer Punsch.

Eine Portion Orangeneis vom Conditor mit einem Gläschen Arac und einem Glase Weißwein — feiner Marke — oder noch besser einem Glase Sect gemengt.*

Selbst der alte Cicero
fände so was comme il faut.

---

* Hat man nicht weit zum Conditor, so daß man sich schnell Gefrorenes verschaffen kann, so eignet sich dieses Getränke sehr zum Abschlusse eines Diners oder in größerer Menge als Erfrischung bei einer Abendgesellschaft.

Die Verf.

Sorbet von Champagner und Erdbeeren.*

Ein Liter Erdbeer-Eis unmittelbar vor dem Gebrauch mit einer halben Flasche Champagner begossen, leicht mit silbernem Löffel gemengt und in Gläsern mit Theelöffelchen servirt.

Sorbet von Steinwein, Liebfrauenmilch, Markobrunner, Moselblümchen

und sonstigen deliciösen Marken, mit Erdbeer-, Himbeer- oder Ananas-Eis gemengt. Je eine Drittelflasche Wein auf einen Liter Gefrorenes wird von wirklichen Kennern manchmal dem Champagner-Sorbet vorgezogen.

Deßgleichen bereitet man Sorbet aus Burgunder und Pfirsich-Gefrorenem sowie aus halb Bordeaux, halb Sekt mit Citronen-, Orangen- oder Waldmeister-Eis.

Newa-Punsch.

Drei Flaschen echt französischer Bordeaux, eine Flasche Liebfrauenmilch, eine Flasche Laurent Pevier sans sucre oder Pommery frappirt und eine halbe Flasche old Sherry in einer Bowle gemengt, zwei Stangen feine Vanille in kleine Stückchen geschnitten und darin ungefähr 5 Minuten ziehen gelassen.

Sodann wird über der Flüssigkeit auf einem darüber aus Metallstäbchen improvisirten Gitter ein Kilo ganzer Zucker mit einer Flasche feinstem Jamaica-Rum getränkt und hierauf angebrannt, so daß der sich ablösende, brennende Zucker sich

---
* Sorbet wird meist durch Strohhalme geschlürft.

in die Flüssigkeit ergießt. Der Sekt wird am Besten erst jetzt eingegossen, damit er voll zur Geltung komme.

Als Sorbet gegeben, wird das Ganze mit 4—5 Litern Citronen- oder Ananas-Eis verbunden.*

Olympische Tropfen oder Göttertrank.

Die leicht abgenommenen Schalen von vier Orangen werden in einem sehr reinen Porzellanschüsselchen mit einer halben Flasche Weißwein übergossen und zugedeckt mindestens 2 Stunden stehen gelassen, bis der Wein das ganze Aroma der Orangenschalen aufgenommen hat. Alsdann seiht man dies in die Bowle, gießt zwei Flaschen Rüdesheimer Berg, zwei Flaschen Chateau-margaux grand vin und zwei Flaschen Heidsick dazu und mengt es leicht mit dem Bowlenlöffel. Das Getränke wird nach Belieben oder — wenn nur für Herren — gar nicht gezuckert.

Die Weine werden in der angemessenen Kellertemperatur verwendet, eventuell nur die weißen Sorten etwas gekühlt. Durch den frappirten Champagner wird genügend Frische erzeugt; zu kalt gehalten, verlieren die feinen anderen Weine — namentlich die rothen — leicht ihr Bouquet.

Man servirt den Göttertrank aus der Bowle in Champagnerkelchen.

Man kann übrigens einmal olympisch zechen wollen, auch wenn gerade kein Göttersegen im Geldbeutel ist. In diesem Falle vertauscht man die vorhin genannten Weinmarken mit weniger kostspieligen, verwendet statt Heidsick Keßler-Kabinet,

---

* Dieser Punsch wurde in einer Abendgesellschaft beim russischen Botschafter in Paris servirt und mir das Recept von einem russischen Cavalier überlassen. Die Verf.

Bergeff oder Kupferberg — die Stimmung wird dabei nichts
desto weniger göttlich sein.

Maiwein.

Junger frischer Waldmeister — am Besten vor seiner
Blüthezeit im April — wird, wenn nicht selbst gepflückt, der
Appetitlichkeit halber mit frischem Wasser überspült, von den
größeren Stielen befreit, in eine Bowle gegeben und mit einem
Fünftelpfund Zucker und einer Flasche Weißwein angegossen.
Wenn der Duft des Waldmeisters sich dem Weine so
ziemlich mitgetheilt hat, gießt man soviel Flaschen Weißwein
hinzu, als man Maiwein bereiten will, und rechnet auf jede
Flasche ungefähr 75 Gramm Zucker. Wer es liebt, mag noch
einige Orangenscheiben darin schwimmen lassen.

Maibowle.

Zwei Büschelchen frischer Waldmeister werden wie beim
vorigen Recept mit etwas Weißwein und Zucker angesetzt.
Dazu werden nach 10—15 Minuten noch zwei oder drei Flaschen
guten Weißweins, eine Flasche Sekt, eine halbe Flasche natürlichen Selterwassers und 150—200 Gramm Zucker gegeben.
Verfügt man nicht über einen Bowlenlöffel, der mit einem
Seiher versehen ist, so empfiehlt es sich, die Bowle, ehe Sekt
und Selterwasser eingegossen werden, durchzuseihen, damit keine
Blättchen darin umherschwimmen.

Die Bowle soll angenehm frisch sein; man stelle sie deßhalb
in Eis oder stelle die zu verwendenden Weine vorher gut kalt.

Was Maienliebe für die Seele
Und für die Nase Maienduft
Und für die Lunge Maienluft,
Ist Maienbowle für die Kehle.

Erdbeer-Bowle.

Ein Dessertteller gehäuft mit frischen ausgesuchten Walderdbeeren wird nebst einem halben Pfund Staubzucker in die Bowle gegeben, mit einem Gläschen Wasser angefeuchtet, leicht durcheinander geschwenkt, zugedeckt und ein halbes Stündchen — womöglich auf dem Eise — stehen gelassen. Nunmehr werden drei bis vier Flaschen Rheinwein daran gegossen — ebenso zu gutem Bekommen eine halbe Flasche natürliches Selterwasser — und die Bowle — wenn möglich auf einem mit Eis gefüllten Untersatz — präsentirt.*

Pfirsich-Bowle.

Ein halbes Dutzend frischer Pfirsiche werden ihres sammtenen Häutchens entkleidet, dann in feine Scheibchen geschnitten und in der Bowle schichtenweise mit gestoßenem Zucker bestreut. Wenn man sie mit wenig Wasser angefeuchtet und einige Zeit in ihrem Safte gelassen, wird eine beliebige Marke und Menge feinen Weißweines zugegossen, ebenso natürliches Selterwasser und die Bowle in angenehmer Frische vorgesetzt.

* Es ist durchaus nicht nöthig, an eine Bowle, zu der feine Weinsorten und frische Früchte verwendet werden, auch noch Sekt zu gießen. Wirkliche Kenner verschmähen letzteren dabei gänzlich und sagen, man dürfe auch hierin nicht des Guten zu viel thun. Die Verf.

Ananas-Bowle.

Eine frische Ananas wird dünn geschält und fein aufgeschnitten, gut überzuckert und mit einem Glas Sherry angefeuchtet, dann mindestens 1 Stunde — womöglich länger — kalt gestellt. Hierauf werden je nach Größe der Frucht sechs bis zehn Flaschen Weißwein (gute Marke) und eine Flasche Rothwein zugegossen. Zucker wird im Verhältniß von 50—70 Gramm pro Flasche zugegeben. Das große Quantum erträgt eine ganze Flasche Selterwasser — doch nur natürliches.

Von eingemachter Ananas ist die Bowle in einer Viertelstunde hergestellt und wird in diesem Falle — wie bei allen zu Bowlen verwendeten eingemachten Früchten — bedeutend weniger Zucker verwendet. Man vergreife sich hierin überhaupt nicht — zu viel Süßigkeit schadet dem Aroma sowohl der Früchte als dem des Weines.

Orangen-Bowle.

Zwei bis drei saftige Orangen werden enthäutet und dünnscheibig aufgeschnitten, dann in der Bowle überzuckert mit einer halben Flasche Weißwein angegossen. Nach einer Viertelstunde gießt man zwei bis drei weitere Flaschen Weißwein und eine Flasche Rothwein nebst natürlichem Selterwasser dazu. Zucker wird pro Flasche mit 50—70 Gramm genommen.

Champagner-Bowle.

In der Bowle tränkt man ein Pfund zerkleinerten Zucker mit zwei Flaschen Rhein- oder Moselwein. Nachdem man dies gut kalt gestellt, werden unmittelbar vor dem Serviren zwei Flaschen frappirten Champagners nebst einem Fläschchen natürlichen Selterwassers zugegossen.

Alanenbowle.

Sechs saftige Aprikosen werden von dem Häutchen befreit, fein aufgeschnitten und mit einem Dessertteller voll schöner Ananaserdbeeren (Bräschlinge) schichtenweise in der Bowle überzuckert, mit einem Glase Weißwein begossen und 15 Minuten in ihrem Safte ziehen gelassen.

Nunmehr werden wie bei den übrigen Bowlen drei bis vier Flaschen Rheinwein und Zucker nebst Selterwasser beigegeben und die Bowle 1 Stunde auf Eis gestellt.

Feine Punschessenz

selbst bereiten zu können, ist auch nicht von Pappe:

I.

Fünfzehn Gramm Peccothee werden mit 1½ Litern heißem Wasser angegossen, nach 10 Minuten abgeseiht und der Saft von zwölf Orangen und zwei Citronen, zwei Kilo Zucker und 1½ Flaschen Arac zugegeben.

II.

Fünfzehn Gramm grüner Thee werden mit einem halben Liter heißem Wasser angegossen und 10 Minuten ziehen lassen, dann 1½ Pfund Zucker, eine Flasche Arac und der Saft von drei Orangen und zwei Citronen beigegeben. Die Essenz wird in Flaschen eingefüllt und gut verkorkt.

Nußliqueur

wird fein selbst auf folgende Weise bereitet. Zwei Pfund Wallnüsse — Ende Juni gepflückt — werden in kleine Stücke zerschnitten und in einer weithalsigen größeren Glasflasche mit vier Litern feinem Weingeist — auch Kornbranntwein oder Kirschwasser — begossen und so vierzehn Tage an der Sonne destillirt.

Hiezu kommen nun: 30 Gramm Zimmt und 15 Gramm Nelken, womit man die Flüssigkeit eventuell weitere acht Tage an die Sonne stellt. Dann kocht man in $1^{1}/_{2}$ Litern Wasser $1^{1}/_{2}$ Pfund Zucker, seiht den angesetzten Nußbranntwein dazu, kocht ihn einmal auf, filtrirt ihn durch einen Flanellsack und füllt ihn erkaltet in Flaschen ab.

Heidelbeer-, Weichsel- und Johannisbeer-Liqueure

werden, wenn die Früchte ausgesucht, beziehungsweise von den Stielen abgezupft sind, in weithalsiger Flasche erst ohne, dann mit Gewürz und ebenso lange wie der Nußliqueur destillirt und gleich diesem vollendet. Zum Versüßen wird gerne Kandiszucker genommen.

Götterdämmerung.

Sehr wirkungsvoll nach einem guten Diner.

In einem Sherry- oder in einem größeren Liqueur-Glas werden zu gleichen Theilen gemengt: Grüner Chartreuse oder echter Benediktiner, Sherry Brandy, Marasquino, Curaçao, Cognac fin und Crême de Vanille (Marke cuisinier). Wem nach dieser Mischung noch nicht dämmert, daß er die ganze Welt in verklärtem Zustande betrachtet, dem ist nicht zu helfen.

XIX.
Deutscher Senf

zu Kronfleisch, Bratwürstchen ꝛc. ꝛc. dem französischen vorgezogen, wird, wie folgt, bereitet: Halb gelbes und halb braunes Senfmehl aus der Apotheke oder Droguerie für zusammen etwa zwanzig Pfennige wird mit einem Viertelliter vorher abgekochtem Essig lau angegossen und in einem Näpfchen gut verrührt, so daß der Senf dickflüssig erscheint. Mit dem Essig werden fünf bis sechs Stückchen Zucker aufgekocht.

Englischer Senf.

Das Senfpulver wird nur mit lauem Wasser angerührt.

Geräuchertes Pökelfleisch.

Wer Lust hat, selber Rauchfleisch einzupökeln, um immer schnell Fleisch zur Hand zu haben, probire es auf folgende bewährte Methode: Vom Fleischer zugerichtete schöne Ranken

Schweinefleisch werden mit einer Mischung von Salz, kleingeschnittenen Zwiebeln, einigen Wachholderbeeren, zehn Gramm Salpeter — Alles fein verstoßen — fest eingerieben und in einem vorher ausgebrühten Steintopf oder Holzkübel eingerichtet. Alle zwei bis drei Tage umgeschichtet wird das Fleisch vierzehn Tage in Lacke gelassen, dann mit Bändchen versehen und drei bis vier Tage räuchern lassen.

XX.
Küchenwunden.

Angehende Kochkünstler schneiden sich bei aller sonstigen Friedfertigkeit gerne in ihr eigenes Fleisch; es empfiehlt sich daher, stets englisches Pflaster auf Lager zu halten.

Verbrannten Fingerspitzen kommt man schnell mit etwas Oel zu Hilfe oder belegt sie mit frischem Sauerkraut, auch geriebenen rohen Kartoffeln. Verbrannte Herzen heilt das Standesamt.

Für innere Leiden empfehlen sich folgende
Katermittelchen
nach Dr. Sch......

1. Kalte Kopfwaschungen.
2. Brausepulver.
3. Antipyrin.

4. Kola (die zerkleinerten Nüsse werden in Wein angesetzt).
5. Kola in Form von Pastillen.
6. Citronensaft — noch besser, eine ganze Citrone zu verspeisen.

Außerdem thun Häringe und die oben eigens bezeichneten Salatsorten gute Dienste.

Gute Bouillon, möglichst warm getrunken, auch frische rohe Eier geben dem Magen wieder die richtige Grundlage.

Ich möchte mich übrigens dagegen verwahren, durch Angabe dieser Mittel als — Anstifterin zu Katern zu erscheinen; im Gegentheil:

    Ein weiser Mann
    Thut gut daran,
    Schafft er sich keinen Kater an!

XXI.

Muster-Menus

mit den geringen Vorräthen der Junggesellenküche schnell zusammengestellt.

Bouillon mit Ei.
Kleine Beefsteaks, geröstete Kartoffeln und Gurkensalat.
Macaroni mit Schinken.
Obst und Bisquits.
Kaffee.

Sellerie-Suppe.
Rühreier mit Bücklingen.
Kronfleisch mit Radieschen.
Käse und Butter.

*

Froschschenkel-Suppe.
Rostbraten mit grünen Erbsen.
Omelette mit Champignons.
Dessert.

*

Kerbelsuppe.
Forellen mit heißer Butter.
Paprika von Lammfleisch.
Erdbeeren mit Zucker und Wein.

*

Schildkrötensuppe.
Hummer-Mayonnaise.
Geräuchertes Ochsenfleisch und Bouillon-Meerrettig.
Dessert.

*

Krebssuppe.
Kleine Beefsteaks mit Comatensalat.
Grüne Erbsen und pommer'sche Gänsebrust.
Dessert.

*

Julienne-Suppe.
Fischsalat.
Kalbskotelettes mit Kartoffeln.
Dessert.

*

Tapioka-Suppe.
Kleine rohe Beefsteaks-tartare.
Hammelkotelettes mit grünen Bohnen.
Dessert.

*

Vegetarianer-Diner.

Erbsensuppe.
Omelette — Spargeln und Salat.
Grüne Bohnen und Spiegeleier.
Frisches Obst.
Käse — Pumpernickel und Grahambrod.

*

Souper — kalt.

Austern.
Geräucherter Lachs mit Spargeln.
Hummer-Mayonnaise.
Westphälerschinken mit italienischem Salat.
Römischer Punsch.

*

Souper.

Caviar.
Schinken mit Mikado-Salat.
Kieler Bücklinge mit Spiegeleiern und Salzgurken.
Fromage de Brie.

*

Souper.

Appetitbrödchen.
Artischoken mit Käse.
Pommer'sche Gänsebrust mit grünen Erbsen.
Camembert.

*

Souper.

Frankfurter Würstchen mit Meerrettig.
Käseschnitten nach Graf A...
Aal in Gelée.
Frische Früchte und alte Liqueure.

XXII.
Jagd- und Fischerei-Kalender
erlaubt

	von Wild und Wald.	an Fischen.*
Januar	Fasanen, Enten, Schnepfen, Wachteln, Krammetsvögel, Hasen, Rehe, Schwarzwild	Hechte, Huchen, Karpfen, Aale.
Februar	Fasanen, Enten, Birk- und Auerhahn.	Waller, Barben, Huchen.
März	Fasanen, Enten, Schnepfen.	Rheinsalm, Schleien, Waller.
April	Auerhahn, Fasanen, Kibitzier.	Waller, Rheinsalm.
Mai	Waldmeister.	Forellen, Rheinsalm, Krebse, Karpfen.
Juni	Rehböcke.	Forellen, Rheinsalm, Krebse, Karpfen.
Juli	Rehböcke, Enten, Roth- und Damwild.	Forellen, Rheinsalm, Krebse, Karpfen, Schleien.
August	Hirsche, Rehe, Schnepfen, Enten.	Forellen, Rheinsalm, Krebse, Karpfen, Schleien.
September	Rebhühner, Rehböcke, Hasen, Enten.	Fast alle Flussfische.
Oktober	Alles Wildpret, das weibliche ausgenommen.	Schill, Karpfen, Hechte.
November	Alles Wildpret, nur Rehkälber ausgenommen.	Schill, Karpfen, Hechte.
Dezember	Alles Wildpret, nur Rehkälber und Rehkühner ausgenommen.	Hechte, Karpfen, Waller, Huchen.

* Diese Aufstellung gilt nur für Flussfische. Was das Meer liefert, ist nicht daran gebunden. Der Transport der Meerfische geht schnell vor sich, und erhält man die Fische zu jeder Jahreszeit schön und gut.

Schlußwort.

Laßt's Euch denn schmecken, liebe Junggesellen,
Touristen, Krieger, Jäger, Radler all',
Sei's hoch am Berg beim Ursprung frischer Quellen,
Sei's drauß' im Wald nach Jagd und Büchsenknall,
Sei's im Manöver, sei's in stiller Kammer —
Benützt dies Büchlein, lernt und labt daraus,
Heilt mit ihm Hunger, Durst und Katzenjammer
Und, was noch an Sorgen krumm und kraus!
Kocht munter allzeit, kocht, bis daß Ihr schließlich
Doch noch ein Weiblein heimführt frohgemuth;
Denn sei's, wie's sei, die Eh' ist auch ersprießlich.
So kocht denn wohl! Nur kocht mir nie — vor Wuth!

www.ingramcontent.com/pod-product-compliance
Lightning Source LLC
Chambersburg PA
CBHW031348160426
43196CB00007B/779